新时代智库出版的领跑者

国家智库报告 2023（32）
National Think Tank

经　济

中国家装发展报告No.1:
美好生活时代的增长新引擎

邹琳华　颜燕　闫金强　著

REPORT ON CHINA'S HOME DECORATION DEVELOPMENT NO.1:
A NEW ENGINE FOR GROWTH IN THE ERA OF BETTER LIFE

中国社会科学出版社

图书在版编目(CIP)数据

中国家装发展报告. No. 1,美好生活时代的增长新引擎 / 邹琳华等著.
—北京:中国社会科学出版社,2023.9
(国家智库报告)
ISBN 978 - 7 - 5227 - 2396 - 9

Ⅰ.①中… Ⅱ.①邹… Ⅲ.①住宅—室内装饰设计—产业发展—研究报告—中国 Ⅳ.①F426.9

中国国家版本馆 CIP 数据核字(2023)第 143888 号

出 版 人	赵剑英
项目统筹	王 茵 喻 苗
责任编辑	党旺旺
责任校对	杨 林
责任印制	李寡寡
出 版	中国社会科学出版社
社 址	北京鼓楼西大街甲 158 号
邮 编	100720
网 址	http://www.csspw.cn
发 行 部	010 - 84083685
门 市 部	010 - 84029450
经 销	新华书店及其他书店
印刷装订	北京君升印刷有限公司
版 次	2023 年 9 月第 1 版
印 次	2023 年 9 月第 1 次印刷
开 本	787×1092 1/16
印 张	12
插 页	2
字 数	156 千字
定 价	68.00 元

凡购买中国社会科学出版社图书,如有质量问题请与本社营销中心联系调换
电话:010 - 84083683
版权所有 侵权必究

摘要： 自1998年公有制住房体系改革开始，中国房地产市场就进入高速发展时期，自此也带动了家装行业的蓬勃发展。基于中国家装行业发展过程中的标志性事件，本报告梳理出了行业发展的历史脉络，主要包括萌芽期、成长扩张期、稳定发展期及创新发展期。

在个性化趋势下，头部装企通过标准化产品运营思维，将消费者个性化需求进行调研、汇总、分类，进而集合成具有共性的家装设计模块，推动供应链升级，为消费者提供满足理想生活方式的家装解决方案。

在这样的背景下，以"标准化套餐＋个性化定制"的一站式整装服务模式，极大地降低了非标家装的不确定性，成为行业发展的"风口"。

考虑到家装行业迅速发展的行业背景，中国家装行业发展的规模测算就成了首要解决的问题。本报告测算的逻辑主要基于家装家居市场发展的需求。一是由于城镇化进程持续推进、旧房拆迁和住房改善带来的新房装修需求；二是存量住房更新和改造带来的装修需求。基于此，本报告通过问卷调研的方法，测算出了家装消费支出单价，进而测算出当前中国家装市场发展的规模。

除了行业侧研究，本报告还就家装热点问题进行了专项研究，其中包括中国家庭适老化改造、家装设计师职业发展图景及青年客群家居消费特征等。在专题篇中，主要使用问卷调研、定性访谈的方式，对相关热点问题进行了解答。

关键词： 家装行业；市场规模；整装；适老化；家装设计师

Abstract: Since the reform of the public housing system in 1998, the Chinese real estate market has entered a period of rapid development, which has also driven the booming development of the home decoration industry. Based on the key events in the development of the Chinese home decoration industry, the author outlines the historical context of the industry's development, including the embryonic period, the period of growth and expansion, the period of stable development, and the period of innovative development.

Under the trend of personalization, top home decoration companies use standardized product operation thinking to conduct research, summarization, and classification of consumers' personalized needs, and then integrate them into common home decoration design modules, promoting supply chain upgrading and providing consumers with home decoration solutions that meet their ideal lifestyles.

In this context, the "standardized package + personalized customization" one-stop homedecoration service model has greatly reduced the uncertainty of non-standard home decoration and has become the "wind vane" of the industry's development.

Considering the rapid development of the home decoration industry, the estimation of the scale of the Chinese home decoration industry's development has become the top priority. The author's estimation logic is mainly based on the demand for home furnishings market development. One is due to the continuous advancement of urbanization, the demand for new home decoration brought about by the demolition of old houses and housing improvement; the other is the demand for decoration brought about by the update and renovation of existing housing. Based on this, the author calculated the unit price of home decoration consumption through a questionnaire survey, and then estimated the scale of the current development of the Chinese home decoration market.

In addition to industry research, the author also conducted special research on hot issues in home decoration, including the aging transformation of Chinese households, the career development prospects of home decoration designers, and the home consumption characteristics of young customer groups. In the special topics section, the author mainly uses questionnaire surveys and qualitative interviews to answer relevant hotissues.

Key Words: Home decoration industry; Market size; Overall decoration; Suitable for aging; Autodesk Homestyler

目 录

前 言 …………………………………………………………（1）

行业篇

第一章 家装行业发展概述 ……………………………（3）
    一 家装行业发展历程 …………………………………（3）
    二 家装行业发展前景 …………………………………（10）

第二章 家装行业发展的问题、挑战与展望 …………（23）
    一 家装行业发展的问题与挑战 ………………………（23）
    二 家装行业主要增长点 ………………………………（31）
    三 家装行业未来发展风口——整装 …………………（36）

第三章 家装行业市场规模分析及预测 ………………（43）
    一 家装市场总体规模预测 ……………………………（43）
    二 细分市场规模预测 …………………………………（52）

第四章 后疫情时代家装消费者认知调查 ……………（55）
    一 家装主力消费人群自画像 …………………………（55）
    二 后疫情时代居家需求变化 …………………………（59）
    三 家装消费痛点、原因及对策 ………………………（65）
    四 家装消费者服务提供商选择偏好 …………………（80）

专题篇

第五章 中国家庭适老化环境与未来趋势 （87）
    一 中国家庭适老化发展背景 （87）
    二 家庭适老化改造痛点分析 （104）
    三 家庭适老化改造的现状与挑战 （117）
    四 家庭适老化改造的未来趋势 （121）

第六章 年轻人的理想家：青年家居生活趋势洞察 （125）
    一 打造理想家，年轻人有五大期待，六大关键词 （125）
    二 打造理想家，给年轻人的家装建议 （133）

第七章 中国家装行业设计师发展状况 （138）
    一 需求带动下室内设计师规模超过百万 （138）
    二 客户需求导向下家装设计师生存图景 （139）
    三 家装设计师工作职责、核心能力素质模型及其成长路径 （151）

第八章 城市家装观察：北京买房装修消费趋势 （166）
    一 北京买房装修需求有多大？ （167）
    二 北京买房装修房屋特征有哪些？ （169）
    三 北京买房装修消费新趋势 （172）

参考文献 （175）

后 记 （177）

前　言

迎接美好生活的实现，离不开人居空间的品质提升。目前，中国居民已基本解决住房短缺的问题，人们追求美好居住生活的需求不断上升，对于居住品质、居住服务的需求日渐强烈。家装作为居住需求的重要一环，迎来新的发展机遇，家装行业只有把握新需求、新方向，推动家装服务创新发展，才能不断实现人民对美好生活的向往。

家装市场需求将稳定增长。中国家装行业的发展需求主要依托两大基础——待装修商品房的数量和家装消费支出水平，从中长期来看，新建住房需求仍有增长空间，带动装修市场增长；同时，存量住房翻新需求释放，将取代新房市场成为家装家居的主要市场。此外，家装家居市场消费主力人群更新，收入和消费水平持续提高，推动家装家居消费升级。

家装规模发展空间巨大。经研究测算，中国家装家居市场总体规模在 2025 年达到 5 万亿元左右，在 2030 年达到 7 万亿元左右，年均增长率超过 6%。其中，分城市等级看，三线城市家装家居市场规模最大，2025 年三线家装家居市场规模为 1.23 万亿元，占当年家装家居总市场规模的四分之一；存量房装修成为家装家居市场的主要需求来源，且其占市场总规模的比重将持续提高，存量房装修市场规模 2025 年有望达到 3.34 万亿元。

家装行业正处于重要的发展机遇期。尽管增量开发的时代正在远去，但存量时代深耕居民需求的美好生活时代正在来临，行业只有坚定成长，才能迎接美好时代。行业企业要以数字化、信息化、规模化促进产业标准化，通过供应链整合、产业链整合，以及更合理的各环节利益分配机制等，促进行业效率提升，坚持材料创新、技术创新与设计创新，给消费者提供更好品质的装修和服务。

面向未来，家装正从"以房为本"转向"以人为本"，共同迎接美好生活时代，以"标准化基础套餐+个性化定制"的一站式整装服务模式，深耕消费者美好生活需求；产业链上下游甚至其他行业的各类主体纷纷入局，共同做大做强服务供应；行业发展正在走向新的时代，更高品质、更高效的家装服务，必将为中国居民带来更美好的人居生活。

行 业 篇

第一章　家装行业发展概述

一　家装行业发展历程

近二十年来，中国家装行业面临政策、市场和技术等多重环境因素的持续变化，发展逻辑也从"以房为本"转向"以人为本"。根据家装行业发展主要驱动力的变换，可以把家装行业发展演变划分为四个不同阶段。

（一）探索起步阶段：从无到有、野蛮生长

探索起步阶段从1997年至2007年，这一阶段家装行业发展的驱动力主要来自住房消费的兴起。它有以下几个主要特征。

从住房消费市场发展看，经济高速发展，全国城市化率快速提高，人民收入水平呈上升态势，房地产市场蓬勃发展，住房消费以刚需驱动为主，影响家庭装修消费形态和水平。首先看三组数据：2000—2008年，全国房地产开发投资额同比增速保持在20%以上；1998—2008年，中国城市化率从33.35%提升到了46.99%；2000—2008年中国人均GDP的实际年均增长率为10%，城镇居民人均可支配收入的实际年均增长率为9.9%，总体呈现上行态势。这是一个市场被激活的时期，无论是城市居住需求还是居民消费能力，都给中国家装行业的发展提供了较好的支撑基础。

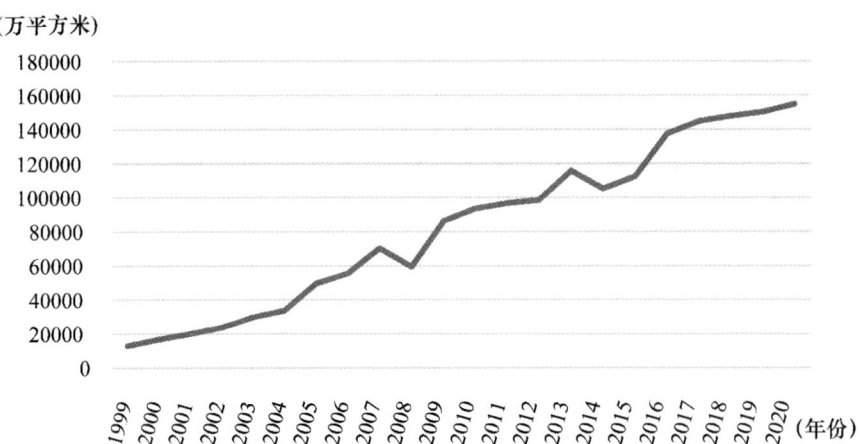

图 1-1　全国商品住宅销售增长情况

资料来源：国家统计局。

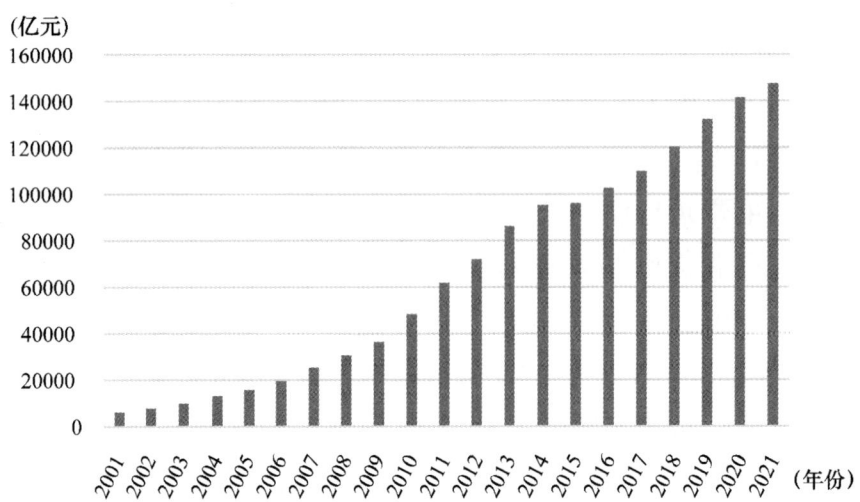

图 1-2　全国房地产开发投资额增长情况

资料来源：国家统计局、贝壳研究院。

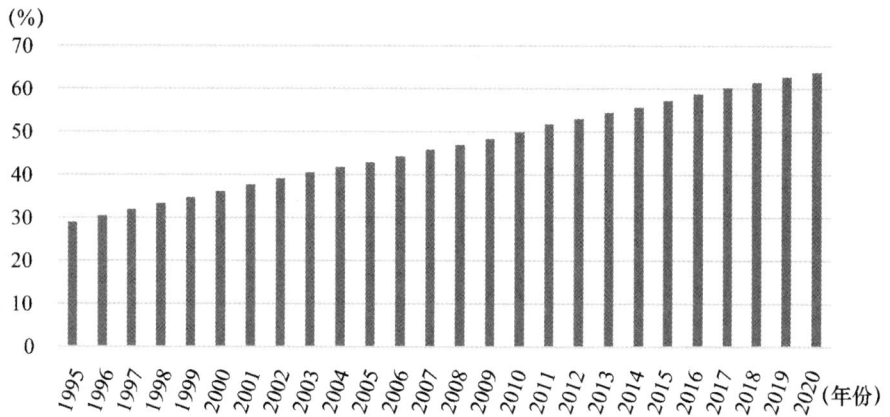

图 1-3　中国城市化率变化情况

资料来源：国家统计局、贝壳研究院。

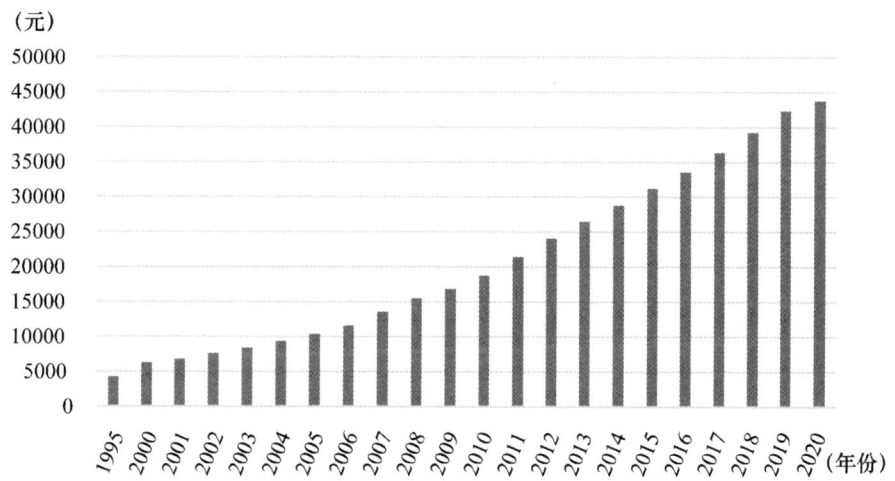

图 1-4　中国城镇居民人均可支配收入增长情况

资料来源：国家统计局、贝壳研究院。

从行业发展来看，这一阶段家装行业呈现出几个明显变化。

第一，家装商业化服务形态逐步形成。1998年房改后出现了一些拥有相关技能的施工个体和施工队——这是最早期的家装服务形态。经过近十年的发展，家装服务从最初的以施工服务为主逐渐拓展业务，形成了设计、主材、辅材、施工等全流程服务供应链条。

第二，一批本地家装公司应运而生。1997年中国正式颁布《中华人民共和国建筑法》，建筑装饰行业开始起步。随着市场准入条件逐渐放宽，一大批本地、规模较小的住宅装修装饰企业进入市场。例如，1997年北京东易日盛成立，同年业之峰也在北京成立，1998年杭州九鼎装饰成立，1999年深圳名雕装饰成立，2002年杭州圣都装饰成立。

第三，家装服务内容单一、低质。从供需两端看，消费端对家装的需求较为单一，以解决居住基本需求为主，消费者对家装的认知和要求较少。供应端装修企业大多还处于从0到1的创业模式验证阶段，这个阶段的企业多处于跑业务等发展模式中，业务模式以清包、半包为主，提供的产品和服务也较为单一。

总体来看，这个阶段是政策红利爆发后的野蛮生长阶段，多数企业处于摸索过程，行业里存在的问题也较多，如工期不确定、价格不透明、施工工艺水平不稳定等。从最后的结果看，这一阶段有内驱力、持续推进业务标准化迭代升级的家装企业活得更好、更久。

(二) 成长扩张阶段：区域发展、差异竞争

成长扩张阶段的大致时间周期是2008—2014年，这一阶段的家装发展与商品房交易市场关联很大，它有以下几个显著特征。

从住房消费基本盘看，城市化率仍保持高速增长，地产周期震荡上升，房价上涨明显。在经历了2008年国际金融危机冲击调整后，中国房地产开发在宽松的宏观环境和常态化的调控政策下震荡上升。从商品房交易量看，探索起步阶段中国年平均交易量约为3.5亿平方米/年，而成长扩张阶段年平均交易量则达到了11亿平方米/年。同时，成长扩张阶段房价上涨也较快，居民部门的杠杆率从2008年的不足20%，提升到2015年

的近40%。城市化率持续提高，2015年达到56.1%，并形成了以珠三角、长三角和京津冀三大城市群为代表的中国城市群，这些区域实际上已经进入城市时代。住房消费基本盘变化、商品房交易量上升成为成长扩张阶段家装需求的重要来源，区域城市时代为发展区域型家装公司提供了土壤。

从家装行业发展看，成长扩张阶段出现了几个新变化。第一，服务模式精细化、多元化发展。成长扩张阶段的品牌家装公司在努力使自己与小公司和"游击队"区分开来，服务模式从家装开始走向家居，推出更多附加价值高的业务，同时叠加客单价的提升作用，让家装的服务本质得到提升。套餐模式、定制模式等家装产品纷至沓来，家装企业服务定位也出现了大众消费、高端消费的分化等。例如业之峰2008年推出基于"完整家居服务理念"打造的一站式家装服务模式，圣都2011年推出整装模式"A6精装产品"，东易日盛在2013年推出"爱屋集屋"一站式服务模式等。

第二，区域型装修企业深耕本地市场，差异化竞争带来一定市场优势。传统家装服务偏重施工交付，材料和人员多为就地、就近选择，因此对本地公司依赖程度高，本地属性强。部分装企在经历了过去几年的探索后，服务标准化程度得到提高。很多装修企业尝试从1—10的模式复制，从本地走向本区域，凭借树立起来的口碑在区域逐渐形成竞争优势、占据头部。例如，长三角杭州市场的圣都2007年全面推广"标准管理规范工程"，2013年起实现业绩飞涨，业务范围开始从杭州扩展至浙江全省。

成长扩张阶段商品房发展和区域城市化是家装行业发展的主要驱动力，房地产的大规模开发为家装服务带来了直接需求，区域城市化发展为区域型家装公司的出现和发展提供了土壤。同时，这一阶段的消费者开始对家装形成认知和偏好。建立起业务标准并明确自身核心价值、差异化竞争的家装企业，开始开拓自己的蓝海市场。

(三) 稳定发展阶段：互联网助力、百花齐放

稳定发展阶段的周期大致为 2015—2020 年前后。这一阶段受益于"互联网+"浪潮的兴起，在家装领域掀起了一场技术、资本推动的变革发展，其表现为以下几个关键特征。

在住房消费方面，住房逐渐回归居住属性，家装家居消费需求进一步提高。这一阶段，中国人口城镇化率超过 60% 的关键节点，已基本实现城镇化，初步完成从乡村社会到城市社会的转型，进入城市社会时代。同时，在宏观调控影响之下，2019 年商品房销售面积与 2018 年基本持平，未能实现进一步增长，一线及部分二线大城市住房交易率先进入存量时代，大城市家装消费率先向 C 端集中。住房的投资属性被挤压，居住属性进一步凸显，消费者对居住生活条件改善的要求进一步提高。这一阶段家装消费水平对于家装行业的拉动作用在提高，家装服务的属性在增强，行业成长的环境变得更健康。

从家装行业的情况来看，具有以下几个特征：第一，互联网家装发力，成为家装行业增长的新动力。2015 年被称为互联网家装市场元年，根据中装协数据统计，2015 年中国互联网家装公司数量多达 200 多家，细分领域包括设计、社区、流量平台、垂直服务、软装建材等，其中以齐家网、土巴兔为首的家装服务流量平台型公司和以爱空间为代表的互联网家装垂直自营型公司为主流。此外，这一阶段阿里、京东等综合性互联网平台也陆续入场"后家装"时代，从家居零售向家装服务协作逐步深耕。可以说互联网的接入，极大地提高了家装的数字化水平，推动家装服务标准化和模式创新发展进入新阶段。

第二，多类型主体切入家装服务场景。这一阶段，家装产业链上下游，甚至其他行业的各类主体纷纷切入家装赛道，给行业发展带来新的活力。例如家居建材卖场红星美凯龙于 2014 年通过品牌家倍得拓展家装业务，2019 年红星美凯龙成立装修

产业集团；房地产开发商碧桂园于 2015 年在广州成立橙家家装；绿地于 2016 年与鑫家居一同创立绿地诚品家家装品牌；房屋中介公司链家 2015 年与万科一同成立万链装饰；定制家居企业尚品宅配 2017 年末在广州、佛山、成都试点开展自营装修业务；欧派 2018 年在宜宾推出首家整装大家居门店并快速铺开；索菲亚 2019 年开始与头部家装公司合作。

第三，整装服务模式初具雏形。这一时期"整装"概念逐渐得到明确，多个因素推动整装模式显现。互联网家装的兴起和大量资本的进场，提高了行业信息化、数字化水平，让更长供应链的管理效率提升，装企有动力对上下游进行整合、拓展渠道，希望通过规模效应来达到降本增效。同时，互联网信息技术的发展，让消费者有更多线上渠道去接触和了解装修的相关信息，在消费升级之下，消费者对于家装的品质要求和服务的体验都有提升。

整体上看，这个阶段家装市场的发展和房地产交易的关联仍然紧密，消费升级以及行业在技术推动下的增效成为行业增长的新兴动力，并且作用显得越来越突出。无论是从能力上还是从动机上，家装行业上下游企业都有延伸整合的意愿，比传统家装模式更全面、更协同的家装服务出现。

（四）创新发展期：服务家装、以人为本

后疫情时代，模式创新、效率提升将成为行业发展的新驱动力，未来家装服务本质和行业格局也将因此发生变化，具体而言有以下特点。

第一，家装服务从"以房为本"转向"以人为本"的消费主导发展。从住房消费的趋势看，住宅供不应求的局面已转变，更多的一、二线城市从增量时代走向存量时代。在存量时代，地产周期对家装市场的扰动影响减弱，家装需求提升将主要依赖存量房的需求增长，包括住房翻新和二手房交易两个方面，装企业务来源向C端消费者进一步聚集。在消费主导的发展环境下，消费者的变化也决定了家装企业要更加注重对"人"的经营，家装的服务属性会得到进一步强化，对消费者更好、更快、更适合是行业及企业确定的增长方向。

第二，服务模式更成熟，效率和规模成为驱动行业发展的新动力，行业集中度进一步提升。在政策、技术、市场等多重因素推动下，行业持续朝着标准化、数字化、产业化的方向实现产业升级，整装服务模式趋势下行业将迎来更快速的增长。此外，多类型市场主体入局家装领域，家装家居融合发展，不断做大、做强。在家装服务供应领域的激烈竞争之下，新时代有望出现全国性的家装服务龙头企业。

第三，美好居住生活时代。家装服务供应商不再仅仅提供设计和施工，更趋向于为消费者提供一整套打造美好居住空间的方案并执行落地。未来高品质、高效的家装服务，必将为中国居民带来更美好的人居生活。

二 家装行业发展前景

(一) 需求端：消费主力人群更新，品质、体验追求上升

中长期来看，家装家居市场需求稳定增长。家装家居市场需求主要来源于两个方面：一是由于城市化进程持续推进、旧房拆迁和住房改善带来的新房装修需求；二是存量住房更新和改造带来的装修需求。

1. 新建住房需求仍有增长空间，带动装修市场增长

新增住房需求主要来源于三个方面：城市化需求、旧房拆迁需求和改善性需求。城市化需求是由于城镇人口增加而产生的需求，主要受到总人口和城镇化率的影响；旧房拆迁需求是由于房屋使用达到一定年限后无法继续满足居民的居住需求而产生的，主要受到房龄结构和拆除后货币化安置政策的影响；

改善性需求是由于居民收入和生活水平的提高所产生的，主要受到人均城镇住房面积增长率和城镇常住人口规模的影响。

（1）城市化需求

城市化使城镇人口数量不断增加，带动新增住房需求增加。城市化经典理论模型诺瑟姆曲线指出，当城市化率在30%—70%之间时，城市化处于快速增长阶段，随后城市化率增速放缓。而美国、日本、韩国等国家的城市化进程均在城市化率接近80%左右才逐渐放缓。2021年中国城市化率为64.72%，仍处于城市化进程的快速增长阶段，与美国、日本、韩国等国家相比，仍然有15个点左右的增长空间。

但从总人口规模来看，中国总人口即将进入负增长阶段。根据联合国人口司发布的《世界人口展望2022》，在低、中、高生育率假设下，中国总人口将分别于2022年、2023年和2036年进入负增长阶段。即便按最保守的情况预测，人口负增长也仅会在一定程度上降低城镇人口规模增长的速度，但并未改变城镇人口规模持续增长的趋势。到2030年，中国城镇人口

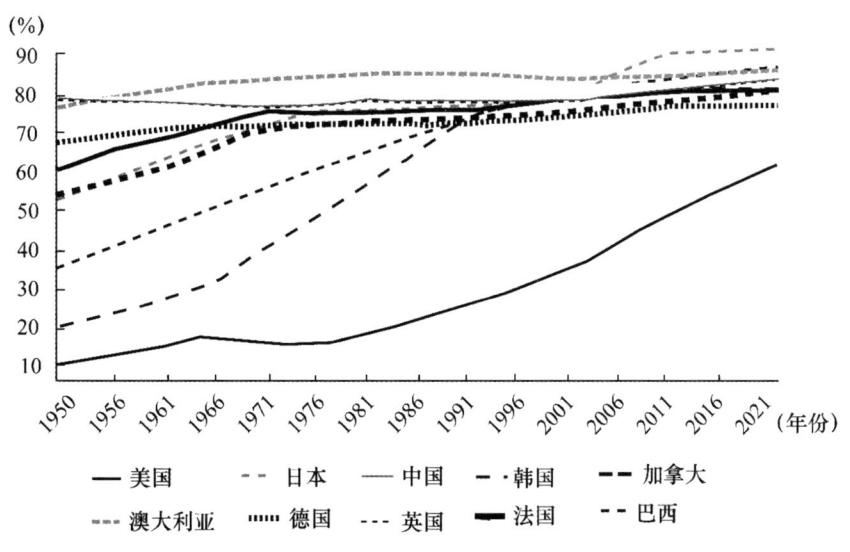

图1-5 各主要国家城市化率水平

资料来源：Wind。

仍持续增加,这将带来一定的新增住房需求,以及由此引致的新房装修需求。

(2) 旧房拆迁需求

中国存量楼房的平均楼龄持续提升,拆迁需求增加。根据第七次全国人口普查数据,截至 2020 年,居住在 10 年以内房龄房屋的家庭户占 36.70%,居住在 11—20 年房龄房屋的家庭户占 32.03%,居住在 21—30 年房龄房屋的家庭户占 19.65%,居住在 31—40 年房龄房屋的家庭户占 8.63%,居住在 41—50 年房龄房屋的家庭户占 1.91%,居住在 50 年以上房龄房屋的家庭户占 1.08%。如果以 30 年房龄作为老旧小区的话,则居住在老旧房屋的家庭户占 11.62%。随着城市发展水平的提高,将有相当一批存量房面临拆迁。无论是采取货币化还是新建住房的方式进行安置,这些都将带来对新增住房的需求。

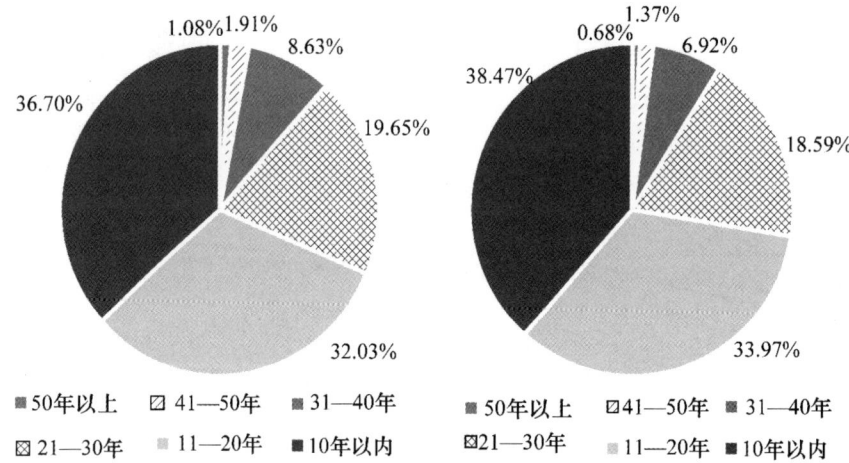

图 1-6 2020 年中国存量住房房龄结构(左:户数;右:面积)
资料来源:国家统计局、《中国人口普查年鉴 2020》。

(3) 改善性需求

随着居民收入的增长和家庭规模小型化,城市人均住房面积仍存在一定的增长空间。根据中国第七次全国人口普查数据,中国城市家庭户人均住房建筑面积为 36.52 平方米,镇家庭户人均住房建筑面积为42.29平方米，经计算，中国城镇家庭户人均住房建筑面积为38.62平方米。考虑到对城镇住房的需求不仅来源于家庭户人口，还来源于集体户人口，我们对这一指标口径进行调整，换算得到中国城镇常住人口人均住房建筑面积为32.73平方米。

与主要发达经济体相比，中国城镇人均住房建筑面积较小，未来仍有较大提升空间。为了可与其他国家的数据进行对比，我们将数据口径进行了调整。由于国际上一般以使用面积作为衡量单位，我们假设中国城镇住房得房率为70%，那么2020年中国城镇人均住房使用面积为22.9平方米。而国际上对人均住房面积的统计一般不区分城镇和乡村，因此我们仍参照任泽平团队的做法，将其他国家的人均住房面积乘以0.85，得到城镇人均住房面积。与主要发达经济体相比，中国城镇人均住房使用面积相对较低，仍有较大增长空间。

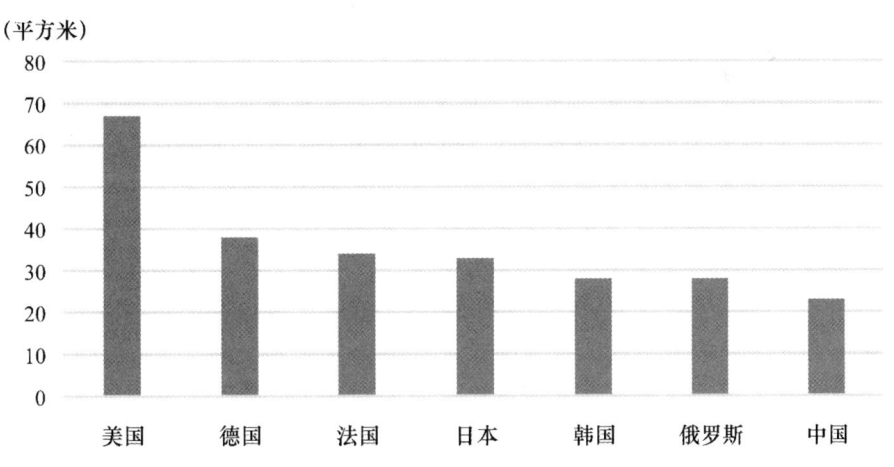

图1-7 国际城镇人均住房使用面积比较

资料来源：泽平宏观：《中国住房存量研究报告2022》。

2. 存量住房翻新需求释放，将取代新房市场成为家装家居的主要市场

存量住房翻新需求为中国家装家居行业注入新的力量。房龄

增加使房屋质量不断下降,一是房屋装修装饰落伍和家具家电老化,二是早期建立的房屋功能已经难以满足现在居住者的需求。消费者装修动机显示,审美变化(17%)、旧房翻新(14%)、家庭成员变化需改动房屋(10%)、疫情后想改善居住环境(7%)以及家中出现收纳难题(3%)等存量房的改善型装修需求逐渐释放,合计占比达到51%,成为行业新的增长契机。

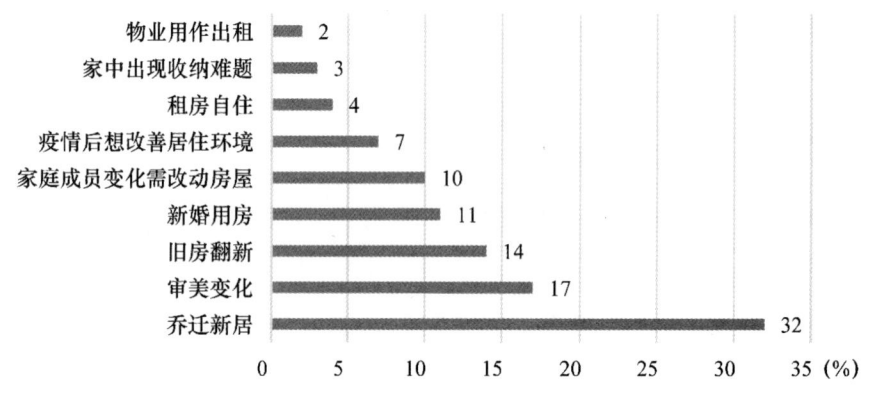

图1-8 2020年家居家装动机/需求调研情况

资料来源:《腾讯家居家装行业洞察白皮书(2020年版)》。

部分房屋住房质量较差,存在更新需求。根据2020年第七次全国人口普查数据,住房内无洗澡设施的家庭占5.95%,无水冲式卫生厕所的家庭占8.87%,无厨房或与其他户合用厨房的占4.23%,无管道自来水的占3.50%。旧房全面翻新或局部

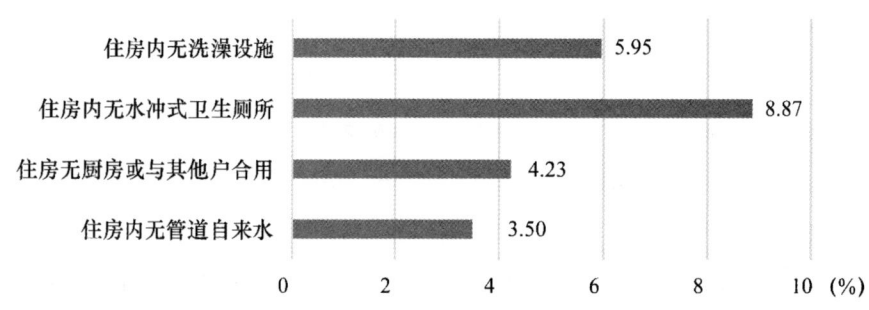

图1-9 2020年存量房设施情况

资料来源:2020年第七次全国人口普查数据。

改造，将带来大量的家装家居需求。

3. 家装家居市场消费主力人群更新，收入和消费水平持续提高，推动家装家居消费升级

中国城镇居民人均可支配收入不断提升。2013—2021年，中国城镇居民人均可支配收入从26467元增长至47412元，年均增长7.6%；人均消费支出从18488元增长至30307元，年均增长6.4%。持续增长的收入为包括家装家居在内的消费行业带来发展机遇。

家装家居市场消费主力人群更新，由"60后""70后"为主体转向以"80后""90后"为主体。《腾讯家居家装行业洞察白皮书（2020年版）》对消费者画像的描述显示，25—34岁和35—44岁两个群体是家装家居行业的主力消费群体。其中，25—34岁的消费者占33%，35—44岁的消费者占30%，二者合计占63%。相较于"60后""70后"群体，"80后""90后"群体在家装家居消费上有以下特征。

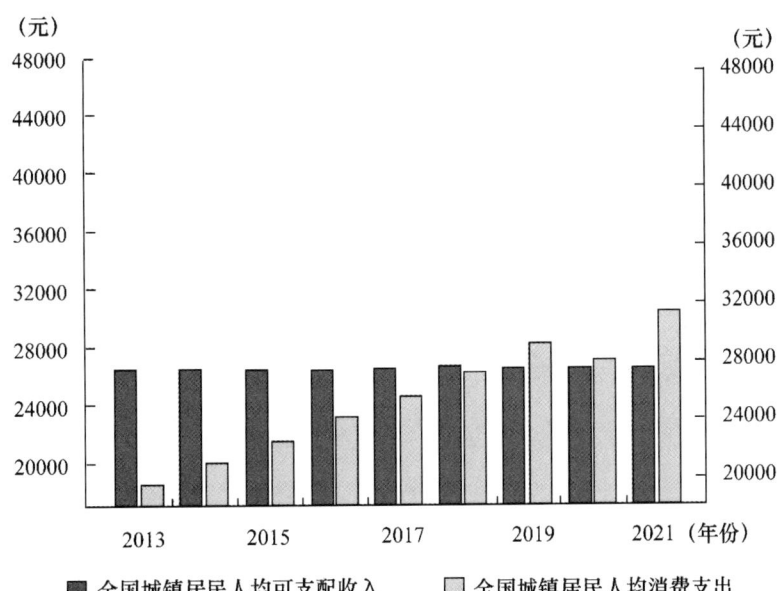

图1-10　全国城镇居民人均可支配收入和消费支出

资料来源：Wind。

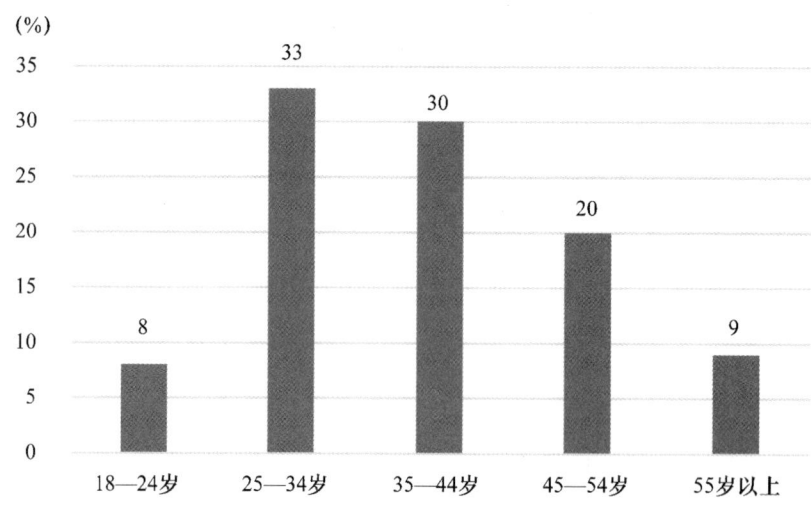

图1-11 2020年家装家居主力消费者年龄结构

资料来源：《腾讯家居家装行业洞察白皮书（2020年版）》。

第一，年轻消费者强调便捷，整装成为其偏好装修方式。年轻消费者平均工作时间更长，亲自动手劳动的能力和意愿下降，并且工作生活节奏加快，没有时间和精力处理烦琐零碎、耗时长的装修和家具采购，希望以更省心、更简单的方式进行装修。根据艾瑞咨询《2021年中国家装行业研究报告》，省心靠谱是家装消费者最重要的服务诉求。尤其是年轻消费者，对

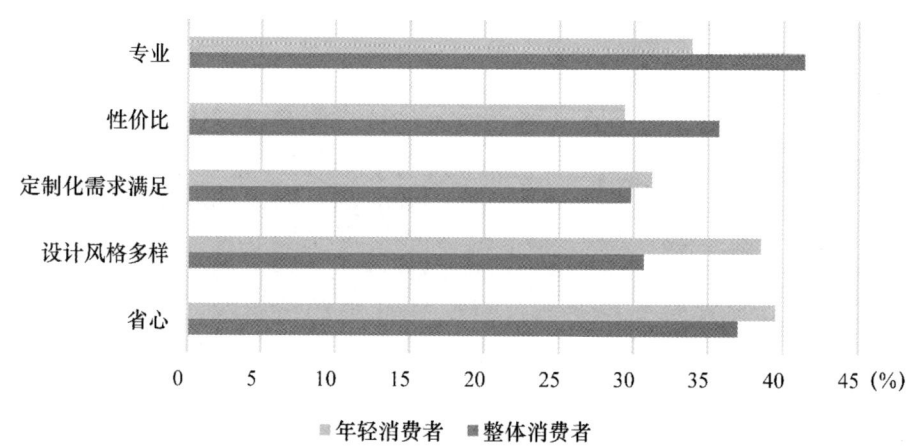

图1-12 中国家装消费者需求侧对比

资料来源：艾瑞咨询：《2021年中国家装行业研究报告》。

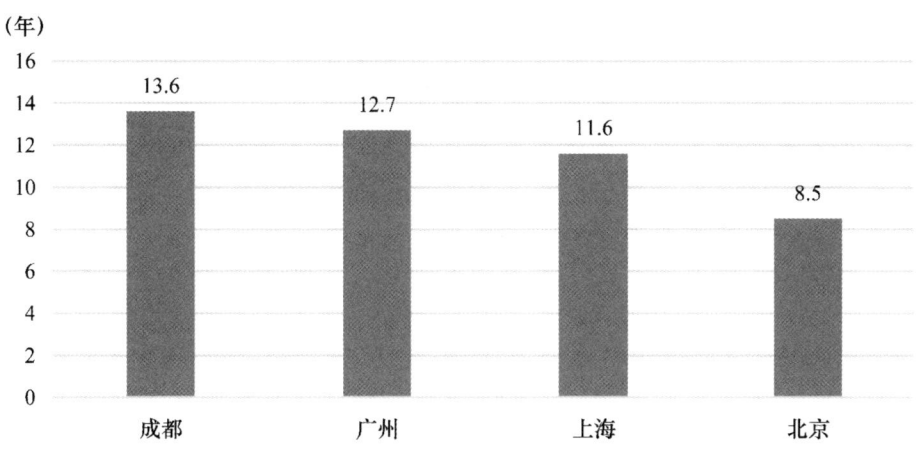

图 1-13 国内主要城市家具更新周期

资料来源：中金公司研究部。

省心和定制化需求更高。根据生活家装饰联合腾讯家居发布的《2018年中国家居整装设计趋势白皮书》，在装修方式的选择上，仅有20.81%的消费者愿意亲力亲为，自己搞定；39.6%的消费者选择全屋整装，拎包入住。而其中选择拎包入住的"80后"消费者更是高达43.57%

第二，消费者家装家居理念更新，驱动家装家居产品消费频次有所增加。随着中国经济的快速增长、居民收入水平的持续提高以及消费群体年轻化，越来越多的消费者开始接受"居家升级"的消费理念。消费者对家装家居品质的要求提升，价格已不是最重要的考虑因素，绿色化、智能化家居体验成为消费者家装家居的需求新方向。随着家居消费升级，未来家居消费频次也将有所加快。根据中金研究院的调查，当前中国居民家居产品的更新周期约在11—12年，远低于欧美日韩等国家（韩国约为8年，日本约为6年），未来仍有较大增长空间。

（二）供给端：行业矛盾推动发展升级，利好企业做大做强

1. 家装家居行业市场集中度低，形成了"大产业小公司"的行业特点

家装家居行业产业链冗长，产品多样化、需求个性化程度

较高,这导致市场集中度较低,形成了"大产业小公司"的行业特点。第一,家装家居行业产业链冗长。从住房装修链条来看,房屋装修要经过家装设计、主体拆改、水电工程、泥瓦工程、水木工程、油漆工程、安装工程等硬装环节,以及家具配饰和家电进场等软装环节。从参与主体来看,家装行业包括建材工厂、家居软饰工厂等原材料生产企业以及建材(家居软饰)经销商、建材(家居软饰)市场和专卖店等流通类企业以及家装公司、设计师和装修团队等参与主体。装修服务流程难以形成清晰且有序的行业标准,各参与主体之间的利益关系错综复杂,导致上下游整合难度较高。第二,家装家居行业产品多样化、需求个性化程度较高。装修过程涉及墙面、吊顶、瓷砖、卫浴、地板、门窗以及定制橱柜等多种主/辅材产品,沙发、寝具、餐桌椅等家具,窗帘、床品套件等家纺用品以及冰箱、电视、洗衣机等家电产品,品类纷繁复杂。消费者对装修风格、建材选购、家居软饰的需求也各不相同。这导致装修企业规模小并且分散,区域扩张能力不强,形成"大产业小公司"的行业特点。

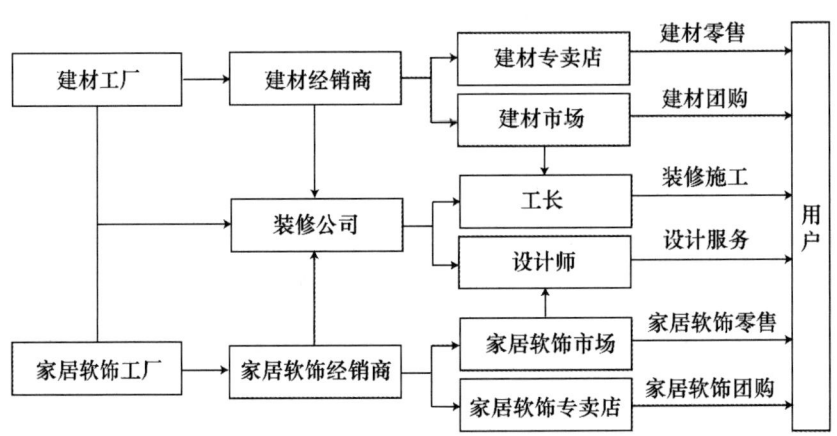

图1-14 家装行业产业链

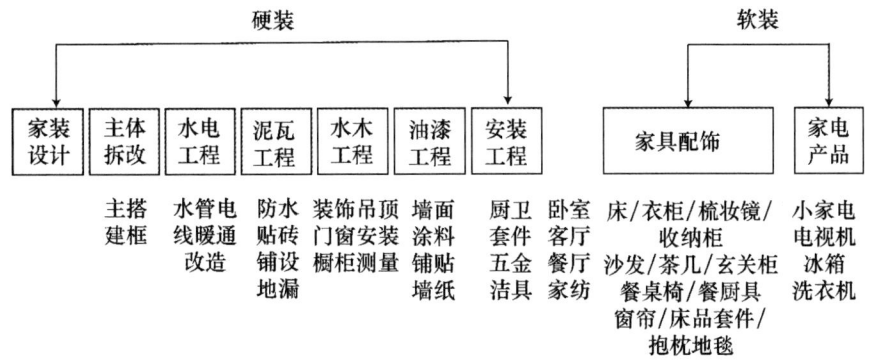

图 1-15 装修环节

2. 产业链上下游不断标准化、一体化，提升带动行业发展

消费者对定制化需求的增长促使家装家居企业探索提供标准化、一体化服务。家装的本质是提供服务，而其最大问题是提供服务者能力不标准，这也是制约家装行业发展的主要因素。因此家装企业的主要挑战是非标服务者能力的标准化和集中式管理。家居的本质是提供产品，其主要挑战是产品的多样化带来的供应链管理。因此，家装家居企业纷纷探索标准化服务体系和一体化建设，通过上下游资源的整合提高企业的竞争力。具体表现为，传统上游硬装企业向中下游扩张，家具销售企业由下游向中上游扩张，定制类企业也探索向上下游扩张。未来整装将成为家装家居行业的发展趋势。

（三）政策端：更好地满足人们对美好生活的追求

1. 城市更新政策

随着"十四五"规划明确提出实施城市更新行动，城市更新已经上升为国家战略。中央和地方城市更新的相关政策密集出台，城市更新实践也从一线城市推广到二、三线城市，范围逐步扩宽。党的二十大报告也进一步强调"实施城市更新行动，加强城市基础设施建设，打造宜居、韧性、智慧城市"。随着房地产市场进入存量房时代，以"旧楼改造、存量提升"为核心的城市更新模式成为主流，旧房翻新市场的潜力不断释放，为家装家居市场的发展带来巨大的机遇。

表 1-1　城市更新相关政策梳理

时间	部门	政策文件	政策内容
2019.12	中央	中央经济工作会议	加强城市更新和存量住房改造提升，做好城镇老旧小区改造
2020.7	国务院	《关于全面推进城镇老旧小区改造工作的指导意见》	将城镇老旧小区改造纳入保障性安居工程，到"十四五"时期末，完成2000年底前建成的21.9万个城镇老旧小区改造
2021.3	中央	"十四五"规划	明确提出实施城市更新行动，城市更新首次出现在国民经济和社会发展五年规划中
2021.4	发改委	《2021年新型城镇化和城乡融合发展重点任务》	在老城区推进以老旧小区、老旧厂区、老旧街区、城中村等"三区一村"改造为主要内容的城市更新行动
2021.11	住建部	《关于开展第一批城市更新试点工作的通知》	北京等21个城市（区）成为首批试点。试点城市（区）包括：北京市、河北省唐山市、内蒙古自治区呼和浩特市、辽宁省沈阳市、江苏省南京市、江苏省苏州市、浙江省宁波市、安徽省滁州市、安徽省铜陵市、福建省厦门市、江西省南昌市、江西省景德镇市、山东省烟台市、山东省潍坊市、湖北省黄石市、湖南省长沙市、重庆市渝中区、重庆市九龙坡区、四川省成都市、陕西省西安市和宁夏回族自治区银川市
2022.3	中央	政府工作报告	有序推进城市更新，开展老旧建筑和设施安全隐患排查整治，再开工改造一批城镇老旧小区，推进无障碍环境建设和适老化改造
2022.7	发改委	《关于做好盘活存量资产扩大有效投资有关工作通知》	对城市老旧资产资源特别是老旧小区改造等项目，可通过精准定位、提升品质、完善用途等丰富资产功能，吸引社会资本参与
2022.7	发改委	《"十四五"新型城镇化实施方案》	有序推进城市更新改造，强调推进老旧小区、厂区、街区、城中村等改造
2022.8	中央	国务院常务会议	扩大政策性开发性金融工具支持的领域，将老旧小区改造、省级高速公路等纳入，并尽可能吸引民间投资
2022.10	中央	党的二十大报告	实施城市更新行动，加强城市基础设施建设，打造宜居、韧性、智慧城市

2. 家居行业政策

为了促进消费和提升居民的生活质量,近年来国家出台一系列文件推动家电、家具的消费。一是通过以旧换新等政策推动家具家电等家居用品的消费;二是鼓励发展智能化、绿色化、适老化家具家电,提高居民居住品质,适应老龄化社会的需求。

表1-2　　　　　　　　　家居行业相关政策梳理

时间	部门	政策文件	政策内容
2019.4	发改委	《推动汽车、家电、消费电子产品更新消费促进循环经济发展实施方案(2019—2020年)》	推动新型绿色、智能化家电产品更新消费
2020.3	发改委等	《关于促进消费扩容提质加快形成强大国内市场的实施意见》	首次提出构建"智能+"消费生态体系,准确把握并适应了现阶段绿色、智能和在线消费的发展大趋势
2020.8	住建部	《关于加快新型建筑工业化发展的若干意见》	推广智能家居、智能办公、楼宇自动化系统,提升建筑的便捷性和舒适度
2020.8	国家标准化管理委员会等	《国家新一代人工智能标准体系建设指南》	在智能家居领域,规范家居智能硬件、智能网联、服务平台、智能软件等产品、服务和应用,促进智能家居产品的互联互通,有效提升智能家居在家居照明、监控、娱乐、健康、安防等方面的用户体验
2021.1	商务部等	《提振大宗消费重点消费促进释放农村消费潜力若干措施》	促进家电家具家装消费。激活家电家具市场,鼓励有条件的地区对淘汰旧家电家具并购买绿色智能家电、环保家具给予补贴
2021.4	住建部等	《关于加快发展数字家庭提高居住品质的指导意见》	到2025年底,构建比较完备的数字家庭标准体系;新建全装修住宅和社区配套设施,全面具备通信连接能力,拥有必要的智能产品

续表

时间	部门	政策文件	政策内容
2022.2	国务院	《关于印发"十四五"国家老龄事业发展和养老服务体系规划的通知》	针对不同生活场景,重点开发适老化家电、家具、洗浴装置、坐便器、厨房用品等日用产品以及智能轮椅、生物力学拐杖等辅助产品
2022.4	国务院办公厅	《关于进一步释放消费潜力促进消费持续恢复的意见》	培育壮大"互联网+家装"等消费新业态;大力发展绿色家装,鼓励消费者更换或新购绿色节能家电、环保家具等家居产品

第二章 家装行业发展的问题、挑战与展望

一 家装行业发展的问题与挑战

(一) 供给环节的主要问题与挑战

1. 家装行业工序复杂环节众多，多数环节存在标准化困难

标准化困难是家装行业的重要发展瓶颈之一。家装行业涵盖范围广泛，涉及流程很长，参与公司众多，产品种类复杂，服务提供也呈现多元化态势，这给行业的标准化带来众多客观困难。从实体物品来看，家装行业涉及上游建材原料、下游各类半成品、成品等众多实体产品，各产品、企业之间无统一标准。

从施工过程来看，整个装修环节涉及拆改、土建施工、安装工程，到家具、家纺、家电等链条，由原材料企业、品牌类企业、流通类企业和服务类企业众多参与主体构成。除了家具家纺家电及材料制造等少部分环节，水电、泥瓦、木工等多数家装环节依赖于精巧熟练的手工，工人管理面临挑战，监理模式不成熟，设计图与实际施工难免存在差异，难以实现施工流程标准化、家装发展产业化，从而也不利于成本降低和规模提升。

从服务质量来看，家装市场不仅面对企业用户还面对个人用户，公司提供的服务方案需多元化、个性化，很难制定服务

标准，同时，传统家装有漏项和增项等问题，公司层面不能完全把控人为因素，公司对业务人员的服务培训标准化也具有高难度。

此外，现阶段客户群体逐渐年轻化，装修风格偏好多元化（如图2-1所示），使家装企业难以进行全过程标准化装修。

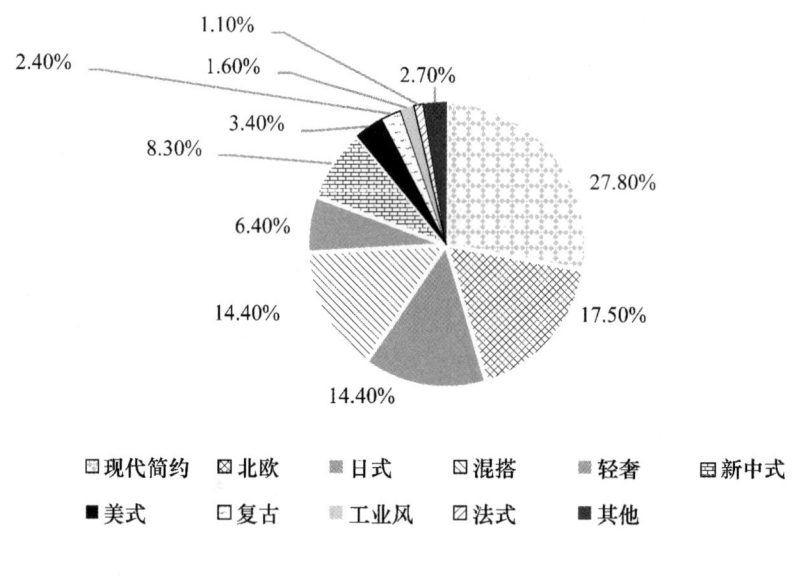

图2-1 装修风格偏好分布

2. 作为劳动密集型行业，劳动成本占比较高，大资本进入困难

家装行业的工人产业化与职业化程度低，小作坊、"游击队"形式仍有较强的生命力。而工人是装修服务最小的生产单元，也是质量交付的核心主体。这使得家装的产品品质与服务不可避免存在较大方差。

目前在家装行业中，工队分包制消化施工项目的模式仍占主流。该模式下，人员劳动成本占比高，且工人大多为受教育程度相对较低、劳动密集型和农民工型工人，少有知识型、技能型、创新型工匠；个体工人不受重视，导致其职业认同感低，大量人才资源流失。然而工人施工质量的好坏直接影响着客户的消费体验与公司的声誉。

由于"游击队"和外包施工等原因，难免引发规范化低、监理成本高、材料成本及损耗不易掌控、工程信息透明度低等情况。家装行业链条上不同角色方之间利益关系复杂，层层供应链中信息不透明，家装公司与工人成本之间需要由工长来间接关联。多方矛盾使得资本收益率较低，因此家装行业相对其他行业少有大资本进入，行业升级缓慢。

3. 生产组织形式落后，销售依赖于设计师，交付依赖于工长

（1）设计师业务员化，既要负责营销又要负责设计

设计师双重身份导致其不能专心研究设计，无法及时了解市场流行风格的动向，核心能力无法得到快速提升。与此同时，设计师设计能力不足，设计风格单一化；多数设计师依靠开单回扣生存，推销产品的能力相比专业销售人员较弱，不能满足市场需求，因此常会遭到客户质疑，难以建立与客户的充分信任。

（2）施工大多外包给工长或"游击队"，交付能力和交付品质均受限

家装公司大多采用施工队伍自己培养与施工外包制度相结合的模式。一些家装公司虽有经过培训的施工团队，但由于装修有淡旺季之分，在旺季时，公司所储备的专业团队往往无法满足客流需求；在淡季时，公司又不得不投入"养闲人"的成本。外包团队众多，施工质量参差不齐，家装公司对其往往难以进行掌控。此外，底层施工人员职业化程度低，没有基本的社会保障，仍然具有很强的"游击队"性质。工长及其施工队伍没有稳定收益，往往通过"增项"来弥补收入的不足，增加了装修公司与客户的矛盾摩擦及不信任。

4. 大行业小公司，缺乏规模化大企业

中国传统家装企业数量众多，行业集中度较低。经估算，中国家装家居市场总体规模在2025年达到5万亿元左右，2030年达到7万亿元左右，年均增长率超过6%。根据亿欧智库测算

数据，2020年中国家装行业总产值2.61万亿元，且近十年来家装行业总产值呈上升趋势。但是另一方面，企业的成长相对滞后，目前CR5占有率不超过2%。

近年来，由于房地产行业快速发展，家装市场相对不愁流量。但家装企业仍依赖于外包制度，专业化团队人数不足，因此行业中存在大量的小微企业、"游击队"，即使TOP企业的市场规模占有率也很小；其次，家装的过程对本地人力、物力依赖强，资质较好的公司、队伍的扩张，往往受限于组织管理半径，不仅是管理成本、交付成本的正比增加，获客成本也相对增加，最终导致地方性小品牌过多。此外，家装行业供应链企业95%以上为民营企业。由于市场进入门槛低、流动性强，行业竞争激烈，迭代速度加快，形成了"小、散、多、乱"的特点，最终导致整个家装行业高度分散，龙头企业少之又少。

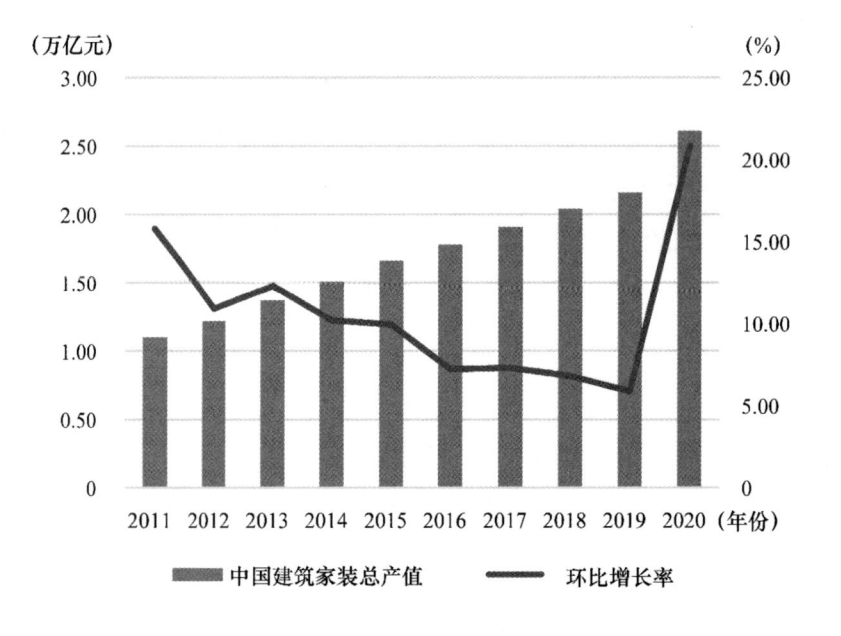

图2-2　家装行业总产值及环比增长率

资料来源：国家统计局、亿欧智库。

(二) 需求环节的主要问题与挑战

1. 装修频次低、考察成本高，客户缺乏足够的装修知识，与家装公司难以建立信任

一方面，装修环节复杂，涉及知识点繁多，学习成本高。装修一般是家庭消费中最为复杂的品种之一，消费流程包括找设计、找施工队、采购主材、安装、验收服务等庞杂环节。据估计，客户每次装修平均需接触 200 名不同工种的工人、材料供应商、品牌供应商以及近 600 个主辅材品类，前期调研、需求确认、施工跟踪、协调纠纷等耗时长达 100 个小时。而大部分消费者又往往不具备相关的专业认知，哪怕部分消费者愿意耗费时间精力学习钻研，也往往一知半解。

客户普遍认为装修对他们来说太过陌生，甚至对自己的需求都无法形成具体的概念，而容易在装修过程中陷入销售套路。

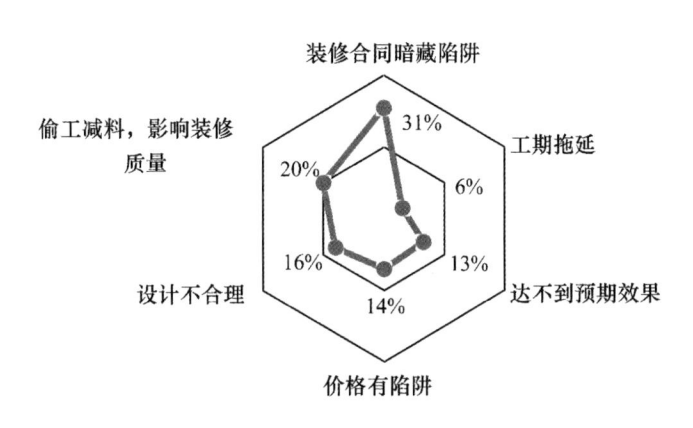

图 2-3　消费者担心的主要装修问题

另一方面，客户装修频次低单价高。自住房一般 10—15 年进行一次装修，出租或投资性住房周期更长。对于客户来说，装修基本属于一锤子大宗买卖。因此，积累的装修知识几乎没有外溢效益。且由于材料技术和设计的更新换代，装修知识也很容易过时，这也是客户没有动力积累装修知识的原因之一。

此外，装修需求在客户群体中多呈现低密度特征，一般平均30人中才产生一个消费需求，需求客户的低密度分布也使获客难度提升。装修知识成本高和装修频率低二者共同导致客户对家装公司缺乏信任，客户的考察成本及家装公司的获客成本均维持高位。

2. 装修预算有限，导致客户自参与率高、产业化程度低

相关数据显示，家装客户中月收入在5000元以上的占比超过50%，但月收入超过10000元的用户占比仅为21%。加上购房本身的首付及月供负担，客户收入中用于装修的预算有限。很多客户的装修预算仅在10万元以内甚至5万元以内，因此难以负担优质的整装、大包及大公司装修服务。由于预算不足，为节省支出，客户通过自购主材、清包半包、设计模仿等降低支出，导致产业化程度低，自装修、"游击队"装修仍占有一定市场比重。

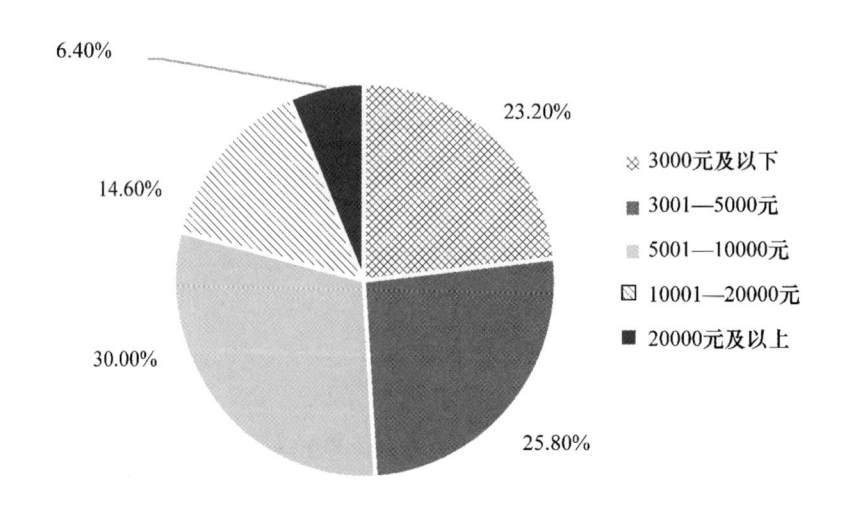

图2-4 中国互联网家装用户收入分布
资料来源：艾媒咨询：《2019中国互联网家装研究报告》。

3. 客户流量分散，获客成本高

首先，由于客户为低频、低密度的分散个人，且供需双方信息不对称、信任程度低，装修行业获客成本很高。

在装修过程中，对于商家来说，客户服务基本属于一对一服务，服务周期长，需要花费大量时间成本。由于信息的不对称性，灌输式、套路式、粗放式的沟通策略往往难以奏效，家装公司还需另择良策，搭建更自然的沟通方式和输出更真诚的沟通内容。而对于客户来说，由于设计、材料、工期、效果、成本等都不确定，用户时常需要调整装修方案，而成本的增加最终则会由用户埋单，降低了客户对商家的信任度。

其次，存量房时代客户流量更为分散，获客成本进一步增加。按照10—15年为一个翻新周期，则2005—2010年所销售的住宅目前正面临老房翻新的局面。而2005—2010年中国住宅销售套数年复合增长率高达15.8%，当年急剧发展的房地产带来了迅速膨胀的存量房时代。

同时，由于国家倡导精装交付，新房交付时毛坯房的比例将进一步减少，存量房将成为家装行业未来新的获客重心。这将大大增加家装公司的获客成本，对公司的管理能力提出了更高的要求。

新房供给减少，存量房交易比例逐年上升，且交付新房中精装房的比例也逐年上升，两大因素同时作用下，家装公司的客户由原来集中于新开毛坯房楼盘分散到各个存量楼盘、老小区之中，家装公司通过传统渠道获客的时间成本与人力成本均急剧上升。

最后，家装公司通过压低硬装报价揽客，易造成与客户后期的摩擦与不信任。因为传统装修行业效率低，必须保持高毛利。但为了揽客，很多家装公司选择压低报价吸引用户，甚至偷工减料导致低质低价，再通过增项，低开高走。后果是易导致用户体验差而产生摩擦，以后获客越来越难。在此过程中又增加了获客成本，进入恶性循环。

4. 作为市场主力的新房装修需求增速下降，二手房翻新比重上升

伴随土地资源与人口红利的自然变化，中国房地产业正由增量发展转向存量驱动。存量房时代，房价的相对稳定与居民家庭收入上升使得居民对装修的消费意愿边际加强，旧房改造等升级型家装需求逐渐显现。

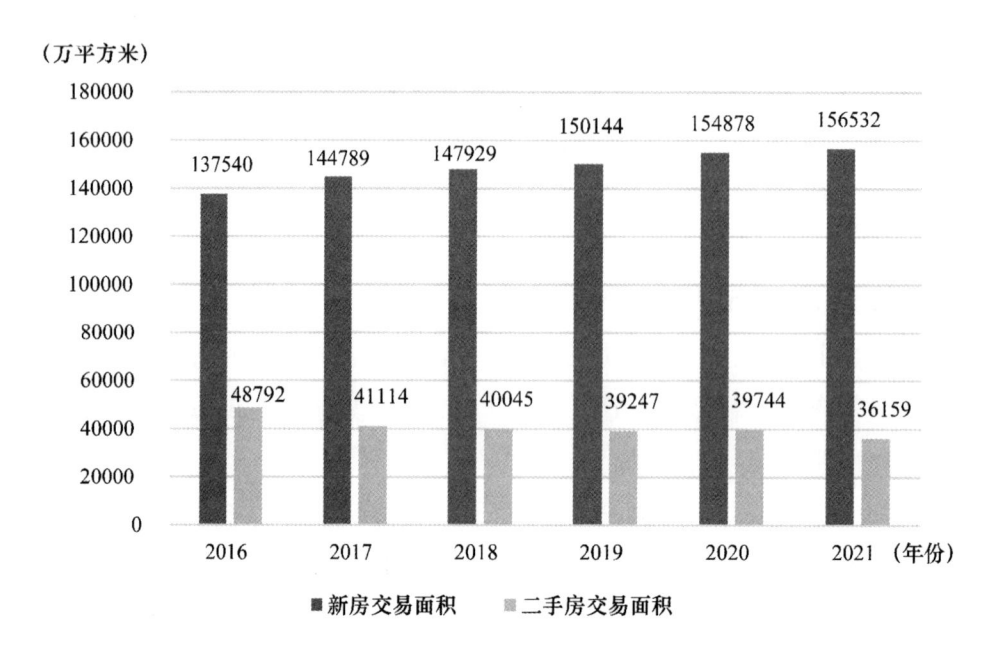

图 2-5　2016—2021 年新房、二手房交易面积

资料来源：贝壳研究院。

随着新房增速放缓，精装房比重上升，新房装修业务增速下降，二手房翻新的比重正在上升。根据 2020 年腾讯营销大数据，尽管新房装修的刚性需求仍然存在，房屋过旧、审美变化等存量房改造相关的家装需求整体占比也已达 57%。

与新房装修相比，除了获客渠道差异外，二手房装修的成本结构、需求偏好重点、预算水平等都有较大变化。比如，二手房装修有较高的折旧成本，设计的通用性程度低，客户平均年龄相对更大等。需求的重大结构性变化，必然给行业带来新的机遇与挑战。

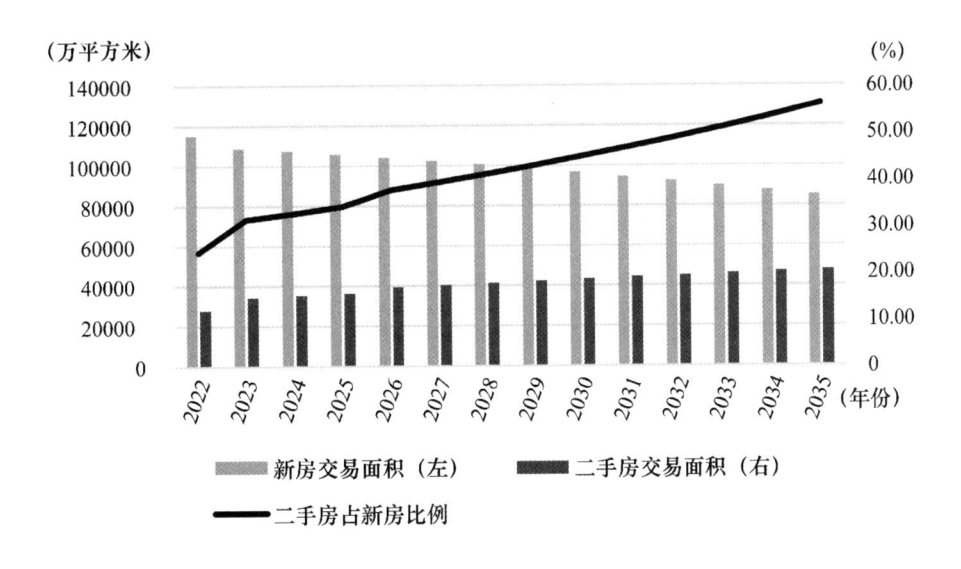

图 2-6　2022—2035 年新房、二手房交易数据预测

资料来源：贝壳研究院。

二　家装行业主要增长点

(一) 产业标准化与最终产品个性化

家装行业未来将以数字化、信息化、规模化促进产业标准化。

标准化是家装行业的重要发展瓶颈。通过标准化，可以大大提升行业效率，降低成本，提升客户满意度，增加行业资本容量。依靠数字化、信息化、规模化手段可以有效拆解各个环节，逐个击破、总体联通，促进工序标准化，实现标准化变革。以"全流程标准化家装"模式突破非标准化瓶颈，做到价格清晰、配套完整、环节衔接、科学管理、实时监控，从而实现产品标准化、交付标准化、服务标准化。在产品标准化、交付标准化、服务标准化的同时，仍需注重满足客户的最终产品个性化需求，拓展需求空间。

作为家装对象的住房本身属于差异化产品，家装行业还需要满足客户的主观感受，最终需求具有较强个性化色彩。家装企业与消费者的互动、设计、交易、服务均会产生相关的数据。随着业务量增长,企业积累了大量数字资产后,可通过数据资产管理系统进行全流程、全面、全域的数据赋能,通过数据分析可以精准掌控标准化流程。通过业务大数据,可为客户有针对性地推荐家装喜好品,提供个性化设计,满足客户个性化需求。

(二)生产组织形式的改进

通过供应链整合、产业链整合,以及更合理的各环节利益分配机制等,促进行业效率提升。可能的生产组织形式改进方向包括:

(1)家装业态向整装转化,为客户提供一站式家装整体解决方案,降低客户考察成本。整装从设计、施工到软装搭配全局统筹,房屋的装修风格更加统一,装修品质得以提升,供应链成本降低,并可以极大地将客户从繁重的装修学习、考察、监督活动中解脱出来,获得装修乐趣。

(2)整合产品供应链,降低供应链成本,提升供应链效率。包括上下游的产业一体化、与供应链企业的优化合作、统一信息管理系统等。通过供应链整合,使家装企业拥有成本优势,降本增效。

(3)优化利益分配机制,让设计师回归设计本源。设计师不再以开单量作为主要收入标准,从而能够投入更多时间进行学习研发,形成独有设计风格,使得公司设计团队成为公司的核心竞争力之一,能够以设计吸引客户和挖掘、创造需求。

(4)推进施工队伍的职业化,培养家装行业工匠精神。采用"人 + 系统 + 机制"的组合拳方式,帮助工人在劳有所得、收入得到保障的同时获得用户的认可和尊重,从根本上缩小交付品质标准差。转变工长职能,加强队伍管理与施工质量把控。通过施工队伍的职业化,培养家装行业工匠精神,催生精品产品。

(5) 信息网络系统的应用。信息网络系统的应用能够在一定程度上让装修更为透明合理，加上第三方监理以及相关平台规则的规范，能够提高施工质量和效率，消费者满意度得到提升。同时信息数字化会助力龙头公司增长，龙头公司也会加速数字化进程，形成正向发展循环，从而提高行业集中度。

(三) 提高行业的资本比重

家装行业劳动力投入的行业产值占比高，小公司众多，大公司市场占比低（见图2-7）。提升行业资本占比，适度降低劳动力占比，客观上也将改变大行业、小公司的局面。生产流程的数字化、标准化、智能化，产业链的整合，以及各类技术创新，都离不开大量资本的投入。家装企业投入资本可以进行规模化、机械化生产。机器替代人力、自动化程度的提升不仅能促进产品标准化，还能减少家装行业对手工制造的依赖。通过吸引资本投入，支持企业扩张，实现家装信息化、数字化和智能化转型，加大对全流程环节把控，并且加速上下游整合。

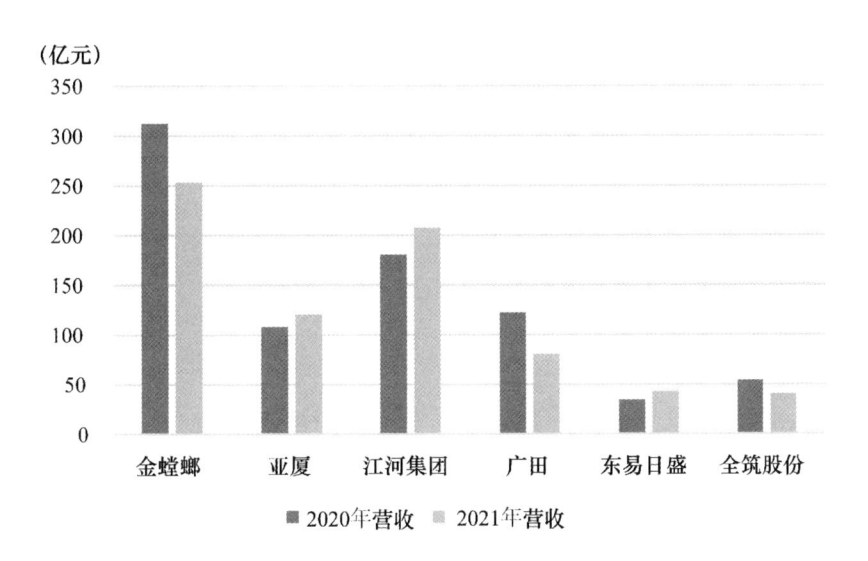

图2-7 中国主要家装家居企业营收

资料来源：各企业公司财报。

(四) 通过流量创新，降低获客（营销）成本，建立双方信任

随着存量房时代的来临，传统渠道流量成本和获客成本增加。以往大水漫灌的传统营销方式的可持续性变得越来越差，简单粗暴地通过开发商、物业、项目地推，以及免费验房、互联网平台等方式来获客事倍功半。此外，传统家装不仅流程长、环节多而复杂，耗时耗力，更存在信息价格不透明、装修队质量水平参差、不同产品搭配风格不一致等问题。建立双方信任非常困难，这也是流量成本高的另一个重要原因。高昂的流量成本，最终仍需要由客户来埋单。因此，通过流量创新，降低营销成本的同时给予客户更多实惠，对于行业转型发展非常重要。

知识博主、网红大V、行业专家推介等新的流量入口不断涌现。目前，家装市场消费群体年龄段集中在26—45岁，主流客户已向"90后""95后"转移，不同于"70后"一代更偏好听取亲友推荐和从线下建材市场等获取信息，年轻一代的客户由于工作时间较长等原因，花费在冗长的家装流程中的时间和精力相对较少。

对家装垂类渠道的关注度相对较低，更倾向于从微博、问答平台、视频平台等多样化的泛线上媒体渠道获取信息。如微信公众号带给消费者足够的主导权和自由度，能在传统表单链路之外承载与消费者情感互动的角色。另外，有不少消费者会关注品牌或该领域大V账号，阅读资讯或分享经验，避开装修中的各种陷阱和教训。这为家装公司提供了目标更明确、成本更可控、转化效率更高的营销方式来提升营销投入产出效率。

在存量房时代，二手房中介也是重要的潜在流量入口。通过恰当的形式整合二手房中介流量，有望快速建立双方信任，从而有效降低流量成本，并进一步给消费者提供实惠。如贝壳找房等企业，借助其二手房业务为家装服务导流，在这方面做了一些有益的尝试。

最后，流量创新还需要尽量避免通过传统价格战获客，寻求商家之间的互利共赢。由于行业和产品特性，家居家装行业长期面临行业低频高客单、价格竞争频繁、消费者决策谨慎、服务链条长的困局，这种现象不利于家装行业的长久发展。装修企业往往通过低报价获客，再通过其他增项来平衡收益，但是降低了企业和客户的信任，形成恶性循环。

（五）材料创新、技术创新与设计创新

一是通过材料创新，推动产品升级的同时创造新的需求。新材料的研发与应用在家装行业前景广阔，《建筑装饰行业"十四五"发展规划》（中国建筑装饰协会）提出以节能环保为导向。企业应积极研发适用新工艺、新技术、新材料和绿色建材，大力发展绿色建筑装饰材料，以新材料带动行业升级。

二是实现数字化产业升级，加快新技术推广应用。加快推进建筑信息模型（BIM）技术的集成应用，将BIM、云计算、大数据、物联网、人工智能等信息技术融合，优化内部流程，实现产业链协同发展。降低信息成本，大幅提高产业效率。目前，众多互联网家装公司开始尝试通过技术手段推动家装行业的创新升级，如京东运用3D建模打造仿真家居场景等。

三是智能化方案的更新迭代。借助于物联网、移动互联网等技术的发展，家居智能化是现代家居的发展趋势之一，也是家装行业重要增长点。要兼顾功能实现及美观性、舒适性、便利性要求，智能化设备大多需要在装修环节合理预留位置空间及管线电源接口。且不同设备的兼容性、协同性，也需要提前统筹考虑。通过整体设计方案，实现家装工序与智能化改造的深度融合。

四是设计创新。家装设计是家装的灵魂，涉及美学潮流、群体偏好、个体偏好、舒适性、宜居性、技术可行性等众多因素，且变化更新极快。不同的时代、不同的主流消费群体，也会有不同的流行设计。通过深研美学潮流、群体偏好、个体偏好、舒适性等要素，不断推出契合市场需求变迁的设计方案。

这类新材料应用、新设计、新的施工及管理技术、新的智能化解决方案等不仅可以创造新的装修需求，而且客观上将使原有的装修提前过时，推动家装市场的进一步升级发展。

三 家装行业未来发展风口——整装

新的时代，装修服务变得日益复杂，行业竞争也更激烈，消费者要求更高，这对行业企业的专业服务体验提出更高的要求。以"标准化基础套餐 + 个性化定制"的一站式整装服务模式，极大地降低了非标家装的不确定性，在装企标准化发展和消费者个性化需求之间找到平衡点，成为行业发展的新风口。

（一）整装价值：深耕消费者美好生活需求

什么是整装？通俗意义上讲，整装是指在家装服务中企业包工包料、消费者可以拎包入住，涵盖的内容从硬装到软装的所有产品和服务，包括提供装修材料、基础施工、软装配饰、定制家具等。根据个性化服务水平，可以将市面上的整装服务分为个性化整装（即一户一方案）和标准化整装（即套餐 + 定制）两大类。

表 2 - 1　　　　　　　　标准化整装与个性化整装比较

	标准化整装	个性化整装
装修面积	中、小户型	大户型
客群类型	刚需	改善、品质
报价方式	按面积固定报价	一房一价
成本	低	高
服务周期	55—60 天，固定	70—75 天，不固定
服务流程	标准化	定制化

资料来源：贝壳研究院整理。

本研究在此讨论的整装主要指标准化整装,这种模式下装修公司根据消费者的家庭装修整体需求,将设计、人工、辅料、主材等装修要素产品化,以平方米或者单套报价,并负责提供从硬装到软装的售前、售中、售后全部产品和整体服务,消费者只和家装公司进行直接结算。一般而言,根据家装公司在家庭装修过程中的参与程度,可以将家装业务模式划分为清包、半包、全包和整装四种,整装是目前家装公司提供服务项目最全的一种模式,区别于"全包",整装更强调服务概念,提供的是一整套的居住空间装修装饰需求解决方案,产品和服务将融入在这套方案里。

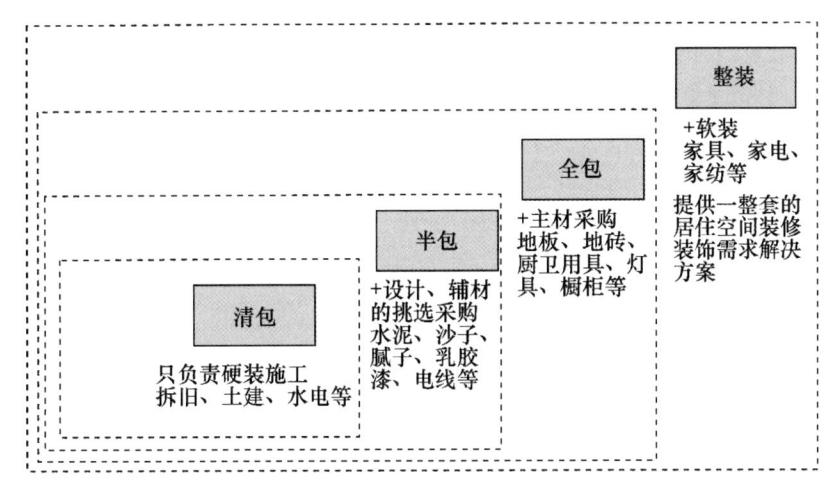

图 2-8 家装业务模式划分

资料来源:贝壳研究院整理。

整装的价值点在哪儿?我们认为,整装模式顺应了消费者对于美好居住生活的需求,让家庭装修消费端和供应端以及产业链上下游实现了共赢,解决了消费者、装企的痛点问题,具体而言:

从消费者视角看,整装满足了消费者对装修品质和服务效率的追求。

消费主力人群更新,以"80后""90后"为主的年轻一代消费群体成为家装消费主力,叠加消费升级,家装消费中对品质追求、个性追求、体验追求的比例上升,同时因工作生活节奏原因,缺乏时间和精力去持续关注家装流程,对效率和体验的需求凸显。整装模式能最大化实现居住空间风格统一,提升空间设计美感,契合当下青年人"颜值为王"的消费偏好。同时成本可控、消费便捷也迎合了主流消费人群对服务效率、消费体验的追求。

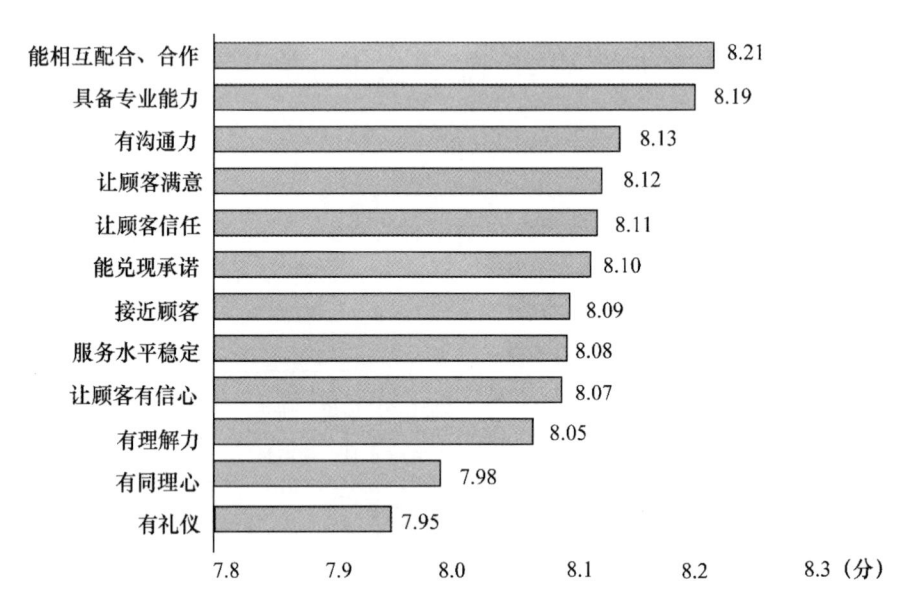

服务品质项	评分
能相互配合、合作	8.21
具备专业能力	8.19
有沟通力	8.13
让顾客满意	8.12
让顾客信任	8.11
能兑现承诺	8.10
接近顾客	8.09
服务水平稳定	8.08
让顾客有信心	8.07
有理解力	8.05
有同理心	7.98
有礼仪	7.95

图 2-9 家装消费者服务品质重要性认知评分结果(平均得分,满分 10 分)
资料来源:2022 年 5 月家装消费者调研,N=2000,贝壳研究院。

从企业视角看,整装模式链条更长、可复制性强,能帮助企业做大规模,做大利润空间,提升市场竞争力。对于家装公司而言,在获客成本不断上升的趋势下,整装模式的推出扩大了客单价,例如以往半包 8 万元、全包 16 万元的项目,如采用整装则可以做到 20 万元以上,整装提高了单位流量的收益率,扩大了家装公司的毛利率。对于家装上下游企业,例如定制家居、建材卖场等企业而言,通过整装模式可以拓宽销售渠道,前置截获流量,提升品牌多品类协同。

(二) 现状：多类型主体入局竞争，做大服务供应

整装广阔的市场前景吸引着家装产业链上下游甚至其他行业的各类主体入局，虽然家装生意本质上是对产品、劳动力和服务的整合，但因为整个产业链非常长，不同主体从不同的环节切入，产生了不同的商业模式，解决了产业链上不同的痛点问题，共同做大了整装服务供应。

1. 传统家装企业

传统家装公司以往的业务主要集中在硬装交付，通过向上下游供应商整合延伸，自己作为家装服务的集成者，拓展整装服务模式。而在传统服务模式下，家装公司的收入主要来自劳力和服务，收入合计仅占消费者家装总支出的三成左右，整装模式下家装公司把住流量入口，通过套餐整合材料、产品营销，可以获得更多利润空间。传统家装公司经过长期发展，在硬装设计和标准化施工方面已形成一套规范的流程和方法，落地交付能力是相比市场上其他主体明显的竞争优势；但相比产品、流量，施工和服务对人员水平的依赖程度大，服务难以标准化，全国性扩张难度大，影响市占率提升。

2. 定制家居企业

定制家居企业切入整装市场主要有三种模式：零售整装、整装大家居、自营整装。零售整装和整装大家居模式下，定制企业与家装公司合作实现产业链协作，都是借助家装公司作为流量切口，不同的是零售整装模式下定制产品的设计、安装、售后环节均由定制企业厂商、经销商承担，家装公司相当于为定制企业引流；而在整装大家居模式下，产品由家装公司负责设计、安装、售后等服务，家装公司成为定制企业的渠道商。自营整装对定制企业的能力边界提出新要求，交付能力对于大多数定制企业来讲需从零开始培育，相比其他切入模式，这个模式对于定制企业最具挑战。索菲亚、尚品宅配等国内头部定

制企业在上述三个整装切入模式上都有探索，目前以零售整装+整装大家居为主，自营整装规模不大。

3. 家居建材卖场运营企业

家居建材卖场主要通过自营模式切入整装领域，其优势在于供应链方面汇集的资源和积累的运营经验，但在流量转化和交付能力方面需要突破原有能力边界，能否形成规模还有待观察。国内龙头家居建材卖场红星美凯龙和居然之家，均有通过自营模式开展整装业务的尝试。

4. 互联网家装企业

互联网企业切入整装主要有两种形式，一是自营整装，二是联合家装公司开展整装业务。自营整装多发生在垂直型家装互联网平台，其聚集了产业链上下游资源，在流量端和信息化技术方面相比其他类型主体更强势，但这类互联网平台以信息撮合为主业，装修落地经验有限，且自营整装前期需要投入大量的资金、人力、物力，"由轻做重"路径面临经营、能力方面的压力。例如，早在2015年，齐家网就开始试水整装业务，旗下有三个整装品牌，分别为齐家典尚、齐家居美、齐家博若森，三者依次瞄准的群体分别为小型住宅客户、地产商或服务式公寓、个人消费者。综合型互联网平台切入整装，主要通过与家装公司合作，基于汇集的大量平台用户，利用其大数据技术为整装业务提供信息撮合和相关增值服务，从中获取广告营销收入，参与整装业务的程度不深。例如，京东2018年与曲美家居达成合作，推出"整装+定制+成品+软装+生活"的无界零售模式；2019年，腾讯与优居、贝壳签署合作协议，联手启动"智慧零售与产业链赋能计划"。

5. 房地产开发企业/物业管理企业

房地产开发企业/物业管理企业（以下简称房企/物企）主要通过自建家装品牌的方式切入整装领域。房企/物企首先在流量端具备一定优势，因为把住小区这道门，对客群画像有准确获取；此外，房企/物企储备有丰富的供应商资源，以及产业链上下游整合的能力，是其切入整装服务领域的核心优势。但房企/物企从高度标准化的开发业务、精装业务切入到分散的整装服务业务，在交付能力上面临不小的挑战，整装服务模式也对房企/物企在运营管理、售后方面提出新的能力要求。

6. 房地产中介公司

以贝壳为代表的房地产中介公司进入整装领域，通过自营模式为消费者提供服务。由于房地产中介公司在流量端有先天优势，在交付端通过自建品牌和收购头部装企沉淀能力，正在家装家居赛道快速发力。房地产中介公司手握天然流量入口，随着一、二线城市逐步进入存量时代，二手房交易和存量房成为家装行业未来的获客重心；同时，家装市场与曾被数字化改造的存量房交易市场较为相似，空间巨大、高度分散、非标、复购率低等，在交易领域用产业互联网的"重"度思维"重"做一次的成功经验，助力房地产中介公司有望搭建全国性整装模式。

（三）未来：更高效的整装服务、更美好的人居生活

整装顺应消费者对于美好居住生活的需要，多类型主体入局将做大、做强服务供应，但需要看到的是目前市场上的整装服务供应仍多为硬装整装，少有企业能做到真正意义上的标准化整装，现有市场参与者的困局主要在以下方面：

1. 消费者越来越多的个性化需求难以调和，全链条的标准化整装存在难度

标准化整装能降低企业运营难度，让企业具备快速复制能力，扩大规模，通常硬装产品品类、样式、用量需求明确，便于实现标准化，定制、软装消费者的能动性大、可操作性强，个性化需求也更多，影响整装落地效果。

2. 家装企业规模天花板难突破，无法形成成本优势

整装巨大的市场空间，以及较低的行业集中度，让众多玩家都想从中分一杯羹，但后入局的玩家多数都低估了其中的复

杂度。一方面，家装流程环节多，整装简化了消费者与各类装修参与方打交道的过程，降低了消费者的消费成本，但也使对上下游进行整合、协调的工作集中到了家装公司，影响企业规模扩张速度；另一方面，由于目前供应链整合难度高、家装产品标准化较难，规模效应发挥不明显，厂商让利有限，整装产品价格成本优势不明显。

结合以上对整装业务的复盘和问题总结，我们认为装企做好整装模式未来需要在以下几个方面持续努力：

首先，产品研发迭代能力。消费主导未来家装发展，年轻一代消费者拥有更广泛的信息接收渠道，对于家装材料产品、设计风格的潮流把握更迅速，这需要装企对整装套餐产品持续保持优化调整，满足消费者的需求变化。此外，提升产品研发迭代能力，也是装企提升标准化水平和高效率运转的关键。

其次，信息化、系统化运营管理能力。强大的信息化系统化管理能力能打通从消费者到最后端，提升装企交付效率、供应链效率，从而实现真正意义上的一站式整装。具体而言，其一，信息化系统管理能力可以提升企业对"人"的管理，大幅提升人员可培养性和可复制性，降低工艺方差；其二，提升企业对"货"的管理，保证施工、材料产品、物流的对接效率，提升仓储、物流、采购效率，降低安装、备货、积压风险；此外，还能提升企业对"场"的管理，降低施工方差，保证装修服务落地质量。

最后，产业上下游协调、整合能力。一方面，要在行业中占据一席之地，做大公司体量，与社会的高度分工密不可分，要能够在任何一个装修环节或装修部品找到非常专业的人或机构协作支持。另一方面，整装流程比传统家装服务模式更长，涉及的 SKU 更多，单一品牌供应商、服务商基本无法覆盖所有所需品类，实现真正意义上的整装需要装企具备供应链整合能力。

第三章 家装行业市场规模分析及预测

一 家装市场总体规模预测

家装家居市场规模的预测逻辑如图3-1所示。

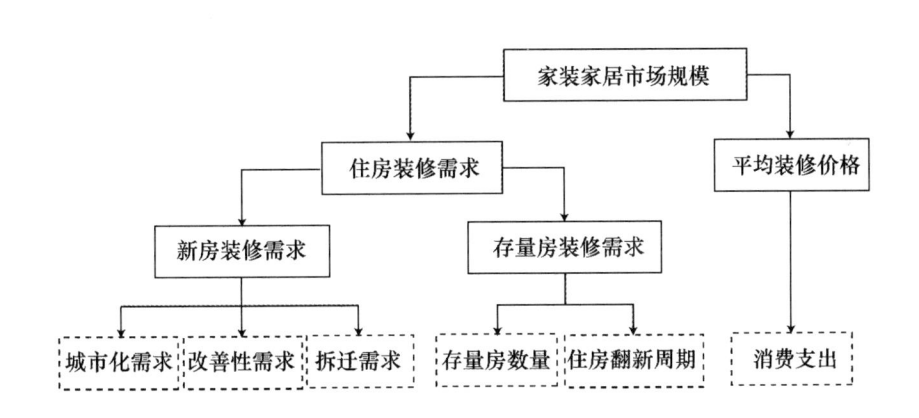

图 3-1 家装家居市场规模预测逻辑

我们的核心假设如下：

（1）家装家居市场规模 = 有装修需求的房子 × 平均装修价格

（2）有装修需求的房子数量 = 新房需求数量 + 存量房数量/存量房翻新周期

（3）新房需求数量 = 城市化需求 + 改善性需求 + 拆迁需求

（4）城市化需求 = 新增城镇人口 × 年初城镇人均住房建筑面积

（5）改善性需求 = 新增城镇人均住房建筑面积 × 年末城镇总人口

（6）拆迁需求 = 存量住房数量 × 拆迁率

（7）存量住房装修需求 = 存量房数量/住房翻新周期

（一）住房装修需求

1. 新增住房需求数量预测及逻辑

新增住房需求主要来源于城市化需求、改善性需求和拆迁需求。

（1）新增城市化住房需求

城市化带来的需求主要取决于中国总人口规模和城市化率的变化。尽管从总人口规模来看，中国未来进入人口负增长时代，但持续的城市化进程仍带来较大的新增城镇人口，进而引致住房需求。城市化率增长符合逻辑斯蒂模型，本报告基于1982—2020年城市化率数据，采用逻辑斯蒂模型对未来城市化率进行预测。预测结果显示，中国城市化率于2025年达到68.13%，2030年达到73.36%。根据联合国人口司基于低、中、高三种生育率水平预测的中国总人口规模，以及2020年人口普查得到的人均城镇住房建筑面积32.73平方米进行计算，保守情况下中国新增城市化住房需求2025年为4.49亿平方米，2030年为3.15亿平方米；中性情况下中国新增城市化住房需求2025年为4.96亿平方米，2030年为4.17亿平方米；乐观情况下中国新增城市化住房需求2025年为5.43亿平方米，2030年为4.95亿平方米。

表3-1 中国新增城市化住房需求

年份		2022E	2023E	2024E	2025E	2026E	2027E	2028E	2029E	2030E
总人口（亿人）	低增长率	14.25	14.22	14.20	14.17	14.13	14.09	14.04	13.99	13.93
	中增长率	14.26	14.26	14.25	14.24	14.23	14.22	14.20	14.18	14.16
	高增长率	14.27	14.29	14.31	14.32	14.33	14.34	14.36	14.37	14.38
城市化率（%）		64.74	65.89	67.02	68.13	69.22	70.29	71.33	72.36	73.36
新增城镇人口（亿人）	低增长率	0.16	0.14	0.15	0.14	0.13	0.12	0.11	0.11	0.10
	中增长率	0.17	0.16	0.15	0.15	0.15	0.15	0.13	0.13	0.13
	高增长率	0.17	0.18	0.17	0.17	0.16	0.16	0.16	0.15	0.15
新增城市化住房需求（亿平方米）	低增长率	5.26	4.71	4.82	4.49	4.15	4.03	3.66	3.53	3.15
	中增长率	5.47	5.36	5.06	4.96	4.86	4.75	4.41	4.29	4.17
	高增长率	5.68	5.80	5.72	5.43	5.34	5.25	5.38	5.06	4.95

（2）新增改善性住房需求预测

随着居民收入和生活水平的不断提升，城市居民改善住房的需求会逐步增高，但根据国际经验，增幅会逐步放缓。经调整计算，2000年、2010年和2020年中国城镇常住人口人均住房建筑面积分别为19.93平方米、26.71平方米和32.73平方米。2000—2010年以及2010—2020年期间全国城镇人均住房建筑面积复合增长率分别为2.97%和2.05%。根据国际经验，人均住房面积会逐步提高，但增幅会放缓。因此，本报告假设2020—2030年城镇人均住房建筑面积年均复合增长率分别为1%、1.5%和2%三种情况，分别进行预测。表3-2预测结果基于总人口在中速生育率水平下变化。预测结果显示，保守情况下2025年中国改善性住房需求3.30亿平方米，2030年改善性住房需求3.72亿平方米；中性情况下2025年中国改善性住房需求5.06亿平方米，2030年改善性住房需求5.83亿平方米；乐观情况下2025年中国改善性住房需求6.87亿平方米，2030年改善性住房需求8.13亿平方米。

表3-2　　　　　　　　　新增改善性住房需求预测

年份		2022E	2023E	2024E	2025E	2026E	2027E	2028E	2029E	2030E
城镇人均住房建筑面积增幅（平方米）	低（1%）	0.33	0.33	0.34	0.34	0.34	0.35	0.35	0.35	0.36
	中（1.5%）	0.50	0.51	0.51	0.52	0.53	0.54	0.54	0.55	0.56
	高（2%）	0.67	0.68	0.69	0.71	0.72	0.74	0.75	0.77	0.78
存量城镇人口（亿人）		9.23	9.40	9.55	9.70	9.85	9.99	10.13	10.26	10.39
新增改善性住房需求（亿平方米）	低（1%）	3.05	3.14	3.22	3.30	3.39	3.47	3.55	3.64	3.72
	中（1.5%）	4.60	4.75	4.90	5.06	5.21	5.37	5.52	5.67	5.83
	高（2%）	6.16	6.40	6.63	6.87	7.12	7.37	7.62	7.87	8.13

（3）拆迁安置需求预测

拆迁需求取决于存量住房数量、住房楼龄结构以及拆迁率。不同楼龄的住房面临不同的拆迁率。我们根据第六次全国人口普查和第七次全国人口普查的长表数据，估算出不同楼龄段的拆除率。根据中信证券和天风证券研究的做法，我们将2010年和2020年两次普查数据中同一楼龄段房屋面积的减少，近似看作这10年间该楼龄段房屋的拆除面积。用拆除面积除以2010年初该楼龄段的房屋总面积即得到2010—2020年期间相应楼龄段住房的拆除率。市场上一般假设住房的使用寿命为30年左右，因此我们假设20年及以下的住房不予拆除。另外，由于人口普查的长表数据为抽样调查数据，我们根据各楼龄段住房的占比和当期总的存量住房面积，计算得到当期各楼龄段的存量住房。通过估算，2010—2020年21—30年的住房拆除率为12.67%，31—40年的为

28.43%，41—50 年的为 39.67%，51—60 年的为 41.52%，61—71 年的为 43.39%，72 年以上的为 57.49%。

表 3 - 3　　　　　　　　2010—2020 年拆除率

2020 年楼龄分布	建成年份	2020 年存量住房面积（亿平方米）	2010 年存量住房面积（亿平方米）	2010—2020 年拆除面积（亿平方米）	拆除率（%）
21—30 年	1990—1999 年	54.77	62.71	7.95	12.67
31—40 年	1980—1989 年	20.38	28.48	8.10	28.43
41—50 年	1970—1979 年	4.02	6.67	2.65	39.67
51—60 年	1960—1969 年	1.05	1.79	0.74	41.52
61—71 年	1949—1959 年	0.49	0.86	0.37	43.39
72 年以上	1949 年以前	0.48	1.12	0.65	57.49

考虑到 2010—2020 年间中国进行了大规模的棚户区改造项目，而最近关于城市更新的政策强调要防止大拆大建，因此未来的拆除率相较"七普"期间会有所降低。我们参照天风证券的研究，假设 2020—2030 年间各楼龄段的拆除率分别为：20 年及以下房龄的不予拆除，21—30 年的拆除率为 5%，31—40 年的为 20%，41—50 年的为 30%，51—70 年的为 40%，71 年以上的为 50%。基于此预测 2020—2030 年间住房拆除面积共计 24.58 亿平方米。假设每年拆除面积相同，则平均每年拆除 2.46 亿平方米。

表 3 - 4　　　　　　　2020—2030 年拆除面积预测

2030 年楼龄分布	建成年份	期初住房面积（亿平方米）	拆除率（%）	2020—2030 年拆除面积（亿平方米）
21—30 年	2000—2009 年	100.06	5	5.00
31—40 年	1990—1999 年	54.77	20	10.95
41—50 年	1980—1989 年	20.38	30	6.11

续表

2030年楼龄分布	建成年份	期初住房面积（亿平方米）	拆除率（%）	2020—2030年拆除面积（亿平方米）
51—60年	1970—1979年	4.02	40	1.61
61—70年	1960—1969年	1.05	40	0.42
71年以上	1959年以前	0.97	50	0.48
合计				24.58

2. 存量住房翻新需求

存量住房翻新需求主要来源于存量住房的二次装修。我们假设2020年以后新建的住房在未来10年内不会进行二次装修，因此住房的翻新需求来源于2020年之前建设的存量住房。我们根据2000—2020年每年住房竣工面积以及2020年的普查的存量房数据进行估算，得到各建成年份的住宅面积。由于2000年以前的住房竣工面积数据缺失，我们假设2000年以前的住房建设时间均匀分布。根据住房行业的发展特征，住房的二次装修周期一般为10年左右，即每套住宅在建成10年时进行翻新。基于此，本报告测算了存量住房的装修需求。根据测算，中国存量住房翻新需求持续增加，预计2025年达到27.23亿平方米，2030年达到33.50亿平方米。

表3-5　　　　　　　　　存量住房翻新需求　　　　　（单位：亿平方米）

建成年份	住房面积	拆迁面积	翻新需求									
			2021E	2022E	2023E	2024E	2025E	2026E	2027E	2028E	2029E	2030E
1959年以前	0.97	0.48	0.05	0.05	0.05	0.05	0.05	0.05	0.05	0.05	0.05	0.05
1960—1969年	1.05	0.42	0.06	0.06	0.06	0.06	0.06	0.06	0.06	0.06	0.06	0.06
1970—1979年	4.02	1.61	0.24	0.24	0.24	0.24	0.24	0.24	0.24	0.24	0.24	0.24

续表

建成年份	住房面积	拆迁面积	翻新需求									
			2021E	2022E	2023E	2024E	2025E	2026E	2027E	2028E	2029E	2030E
1980—1989年	20.38	6.11	1.43	1.43	1.43	1.43	1.43	1.43	1.43	1.43	1.43	1.43
1990—1999年	54.77	10.95	4.38	4.38	4.38	4.38	4.38	4.38	4.38	4.38	4.38	4.38
2000年	2.84	0.1										2.69
2001年	3.31	0.2	3.14									
2002年	3.64	0.2		3.46								
2003年	3.94	0.2			3.75							
2004年	4.67	0.2				4.44						
2005年	5.11	0.3					4.85					
2006年	5.88	0.3						5.58				
2007年	6.81	0.3							6.47			
2008年	7.65	0.4								7.26		
2009年	8.67	0.4									8.24	
2010年	9.85	0										9.85
2011年	11.46	0	11.46									
2012年	13.38	0		13.38								
2013年	15.29	0			15.29							
2014年	16.36	0				16.36						
2015年	16.22	0					16.22					
2016年	16.22	0						16.22				
2017年	16.01	0							16.01			
2018年	15.81	0								15.81		
2019年	15.48	0									15.48	
2020年	14.79	0										14.79
存量住房翻新需求			20.77	22.99	25.20	26.96	27.23	27.97	28.65	29.23	29.88	33.50

3. 住房装修总需求

根据测算，2022—2030 年中国住房装修总需求每年在 30—50 亿平方米之间。保守情况下，中国住房装修总需求在 2025 年达到 37.49 亿平方米，在 2030 年达到 42.83 亿平方米；中性情况下，中国住房装修总需求在 2025 年达到 39.71 亿平方米，在 2030 年达到 45.96 亿平方米；乐观情况下，中国住房装修总需求在 2025 年达到 41.99 亿平方米，在 2030 年达到 49.04 亿平方米。

表 3-6　　　　　　住房装修总需求预测　　　　（单位：亿平方米）

年份			2022E	2023E	2024E	2025E	2026E	2027E	2028E	2029E	2030E
新增住房需求	城市化需求	保守	5.26	4.71	4.82	4.49	4.15	4.03	3.66	3.53	3.15
		中性	5.47	5.36	5.06	4.96	4.86	4.75	4.41	4.29	4.17
		乐观	5.68	5.80	5.72	5.43	5.34	5.25	5.38	5.06	4.95
	改善性需求	保守	3.05	3.14	3.22	3.30	3.39	3.47	3.55	3.64	3.72
		中性	4.60	4.75	4.90	5.06	5.21	5.37	5.52	5.67	5.83
		乐观	6.16	6.40	6.63	6.87	7.12	7.37	7.62	7.87	8.13
	拆迁需求		2.46	2.46	2.46	2.46	2.46	2.46	2.46	2.46	2.46
存量住房翻新需求			22.99	25.20	26.96	27.23	27.97	28.65	29.23	29.88	33.50
全部住房装修需求		保守	33.76	35.50	37.46	37.49	37.97	38.60	38.91	39.50	42.83
		中性	35.52	37.77	39.38	39.71	40.49	41.22	41.62	42.30	45.96
		乐观	37.30	39.85	41.78	41.99	42.88	43.72	44.69	45.26	49.04

（二）装修价格估算及预测

本报告基于从圣都家装获取到的其业务覆盖下 36 个城市成套住房硬装的数据，并进行了如下调整和计算：（1）调整硬装价格：考虑到圣都家装客户群体收入相对较高，经过与业务人员交流，我们在现有数据基础上乘以 0.7 的系数进行调整。（2）计算硬装单价：访谈得知圣都家装装修的住房面积中位数为 120

平方米,据此计算推定每平方米住房硬装单价。(3)计算装修总单价:将硬装单价与软装单价相加得到装修总单价。(4)推算圣都家装业务未覆盖城市的装修单价:我们假设居民装修支出与其消费支出成正比,我们根据36个城市[①]的数据计算得到装修支出与人均消费支出的平均占比,并据此推算得到其余城市的装修单价。(5)计算全国平均装修单价:根据所有城市的装修单价,我们取平均值得到全国平均装修单价。经测算,2022年中国一套住房从开工装修到完工入住,家装家居的平均支出为1040元/平方米。考虑到未来随着居民收入水平的提高以及生活品质的提升,装修价格会相应提高。过去10年中国城镇居民人均消费支出复合年均增长率为6.90%,随着住房价格的平稳发展以及住房自有率的提升,居民未来消费支出增速仍将加快。保守起见,我们假设未来装修支出与过去10年整体人均消费支出的增长率保持一致,即每年5%的增长率,估算未来装修单价。本报告进行的测算,不涉及在装修结束后,消费者在居住周期中进行的家电家具更换、局部改造以及适老化改造等支出费用。

表3-7　　　　　　　　住房装修单价

年份	2022E	2023E	2024E	2025E	2026E	2027E	2028E	2029E	2030E
装修单价（元/平方米）	1040.00	1092.00	1146.60	1203.93	1264.13	1327.33	1393.70	1463.38	1536.55

① 圣都家装业务覆盖城市包括:漳州市、温州市、台州市、舟山市、宁波市、常州市、湖州市、盐城市、嘉兴市、苏州市、杭州市、福州市、绍兴市、丽水市、泰州市、上饶市、南通市、徐州市、衢州市、金华市、黄山市、镇江市、马鞍山市、宣城市、宜春市、无锡市、连云港市、上海市、合肥市、芜湖市、淮安市、武汉市、成都市、扬州市、广州市、南京市。

(三) 中国家装家居市场总体规模预测

经测算，中国家装家居市场总体规模在 2025 年达到 5 万亿元左右，在 2030 年达到 7 万亿元左右，年均增长率超过 6%。具体而言，保守情况下，中国家装家居市场规模在 2025 年达到 4.51 万亿元，在 2030 年达到 6.58 万亿元；中性情况下，中国家装家居市场规模在 2025 年达到 4.78 万亿元，在 2030 年达到 7.06 万亿元；乐观情况下，中国家装家居市场规模在 2025 年达到 5.06 万亿元，在 2030 年达到 7.54 万亿元。

表 3-8　　　　　　　　　家装家居市场规模预测

年份		2022E	2023E	2024E	2025E	2026E	2027E	2028E	2029E	2030E
家装家居市场规模（万亿元）	保守	3.51	3.88	4.30	4.51	4.80	5.12	5.42	5.78	6.58
	中性	3.69	4.12	4.52	4.78	5.12	5.47	5.80	6.19	7.06
	乐观	3.88	4.35	4.79	5.06	5.42	5.80	6.23	6.62	7.54

二　细分市场规模预测

(一) 分地区市场规模预测

三线市场是家装家居市场的主要需求来源。根据各城市住房市场规模占全国住房市场规模的比重，我们估算了各级城市住房家装家居市场的规模。根据第一财经·新一线城市研究所的分类，我们将城市划分为一线、新一线、二线、三线、四线和五线城市六大类。三线城市家装家居市场规模最大，中性假设下，2025 年三线城市家装家居市场规模为 1.23 万亿元，2030 年市场规模为 1.82 万亿元，占当年家装家居总市场规模的 27.74%。

表3-9　　　　　　　分地区家装家居市场规模预测　　　　　（单位：万亿元）

	城市等级	2022E	2023E	2024E	2025E	2026E	2027E	2028E	2029E	2030E
保守	一线	0.20	0.23	0.25	0.26	0.28	0.30	0.32	0.34	0.38
	新一线	0.60	0.66	0.73	0.77	0.82	0.87	0.92	0.99	1.12
	二线	0.60	0.66	0.73	0.77	0.82	0.88	0.93	0.99	1.13
	三线	0.90	1.00	1.11	1.16	1.24	1.32	1.40	1.49	1.69
	四线	0.75	0.83	0.92	0.97	1.03	1.10	1.16	1.24	1.41
	五线	0.45	0.50	0.55	0.58	0.62	0.66	0.70	0.74	0.85
中性	一线	0.21	0.24	0.26	0.28	0.30	0.32	0.34	0.36	0.41
	新一线	0.63	0.70	0.77	0.81	0.87	0.93	0.99	1.05	1.20
	二线	0.63	0.71	0.77	0.82	0.88	0.94	0.99	1.06	1.21
	三线	0.95	1.06	1.16	1.23	1.32	1.41	1.49	1.59	1.82
	四线	0.79	0.88	0.97	1.02	1.10	1.17	1.24	1.33	1.51
	五线	0.48	0.53	0.58	0.62	0.66	0.70	0.75	0.80	0.91
乐观	一线	0.23	0.25	0.28	0.29	0.32	0.34	0.36	0.39	0.44
	新一线	0.66	0.74	0.82	0.86	0.92	0.99	1.06	1.13	1.28
	二线	0.66	0.74	0.82	0.86	0.93	0.99	1.07	1.13	1.29
	三线	1.00	1.12	1.23	1.30	1.40	1.49	1.60	1.70	1.94
	四线	0.83	0.93	1.03	1.08	1.16	1.24	1.33	1.42	1.61
	五线	0.50	0.56	0.62	0.65	0.70	0.75	0.80	0.85	0.97

（二）增量与存量房装修市场规模预测

存量房装修成为家装家居市场的主要需求来源，且其占市场总规模的比重持续提高。我们根据新增住房需求和存量住房翻新需求计算了增量房和存量房家装家居市场规模。保守情况下，增量房装修市场规模在2025年达到1.24万亿元，2030年达到1.43万亿元；中性情况下，增量房装修市场规模在2025年达到1.50万亿元，2030年达到1.92万亿元；乐观情况下，增量房装修市场规模在2025年达到1.78万亿元，2030年达到2.39万亿元。存量房装修市场规模在2025年达到3.28万亿元，

2030年达到 5.15 万亿元。存量房装修市场规模是增量房装修市场规模的 2—4 倍左右。

表 3 – 10　　增量房与存量房装修市场规模预测　　（单位：万亿元）

年份		2022E	2023E	2024E	2025E	2026E	2027E	2028E	2029E	2030E
增量房装修市场规模	保守	1.12	1.13	1.20	1.24	1.26	1.32	1.35	1.41	1.43
	中性	1.30	1.37	1.42	1.50	1.58	1.67	1.73	1.82	1.92
	乐观	1.49	1.60	1.70	1.78	1.89	2.00	2.15	2.25	2.39
存量房装修市场规模		2.39	2.75	3.09	3.28	3.54	3.80	4.07	4.37	5.15

第四章 后疫情时代家装消费者认知调查

一 家装主力消费人群自画像

从人口统计学维度上来看消费者人群特征，调查结果显示，重点19城①家装消费主力人群以25—44岁中青年（77.1%）、男性（61.6%）、月收入1万—2万元（69.8%）的为主。分城市等级看，一线城市家装消费者比新一线城市年龄更大、收入水平更高、女性占比更高。

按家装支出水平划分，重点19城家装消费主力人群以家装支出在16万—30万元的为主，占到了全部家装消费者的半数以上。可以说，家庭装修支出对于大部分普通城市家庭都是一笔不小的费用，可能是仅次于买房之外、排第二大的家庭消费支出项。交叉分析看，家装支出在年龄上呈倒"U"形分布，家装支出与收入水平呈正相关，年轻群体和年长群体收入水平相对不及中青年群体影响家装消费水平。

---

① 重点19城：一线城市北京、上海、深圳、广州，新一线城市成都、杭州、重庆、西安、苏州、武汉、南京、天津、郑州、长沙、东莞、佛山、宁波、青岛和沈阳。

年龄分布：

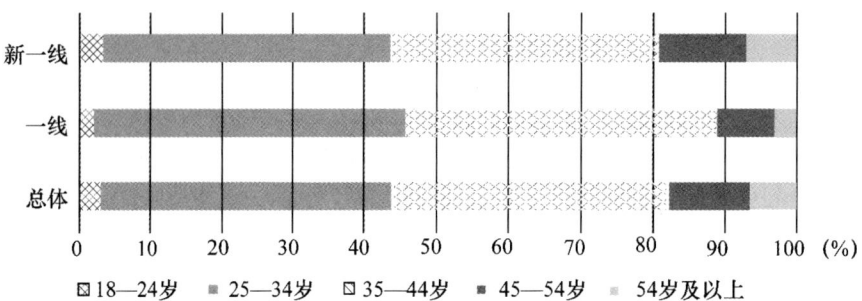

城市	18—24岁	25—34岁	35—44岁	45—54岁	54岁及以上

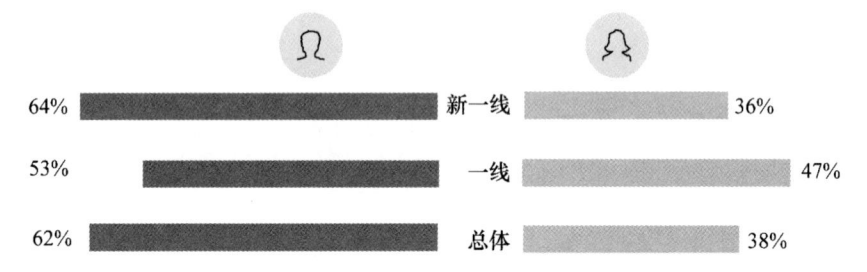

性别：

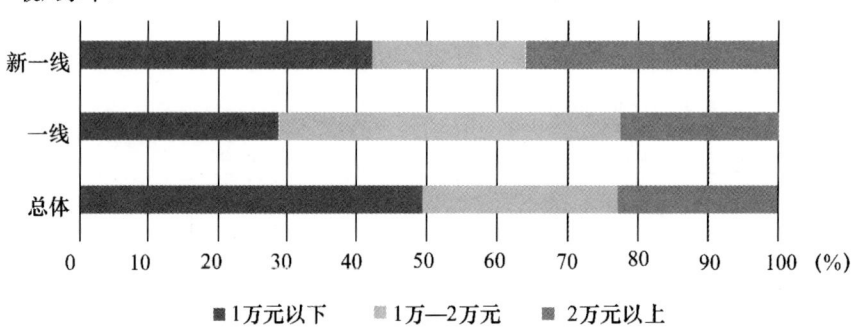

城市	女	男
新一线	64%	36%
一线	53%	47%
总体	62%	38%

收入水平：1万元以下 / 1万—2万元 / 2万元以上

图4-1 19个重点城市家装消费者人口统计特征

资料来源：2022年5月家装消费者调研，N=2000，贝壳研究院。

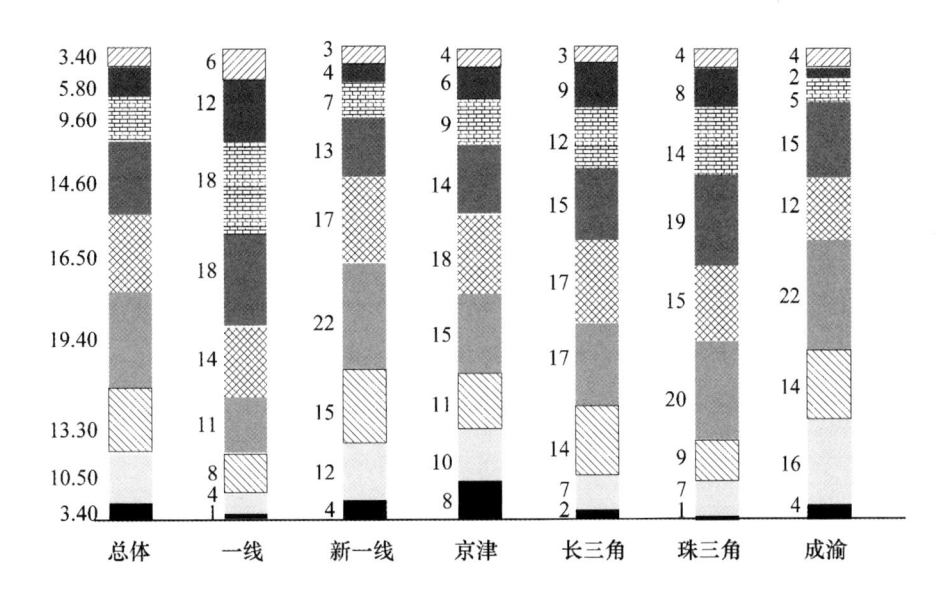

图4-2 19个重点城市家装消费者家装支出水平

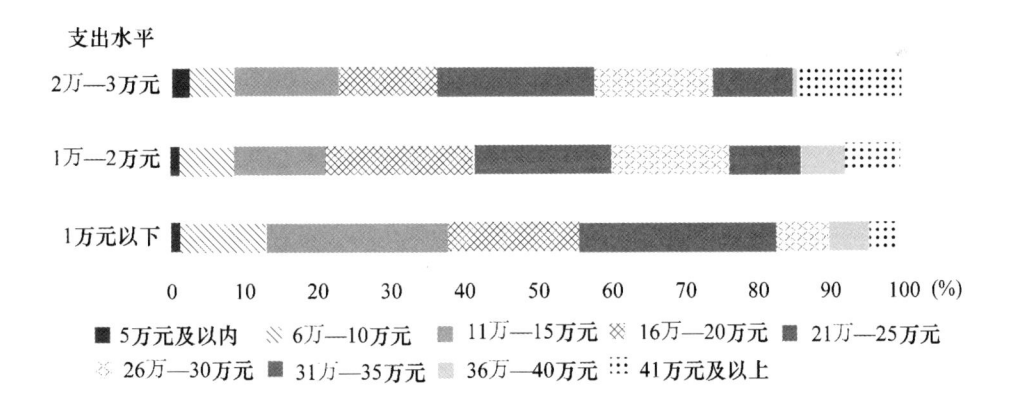

图4-3 家装支出与消费者收入交叉分析

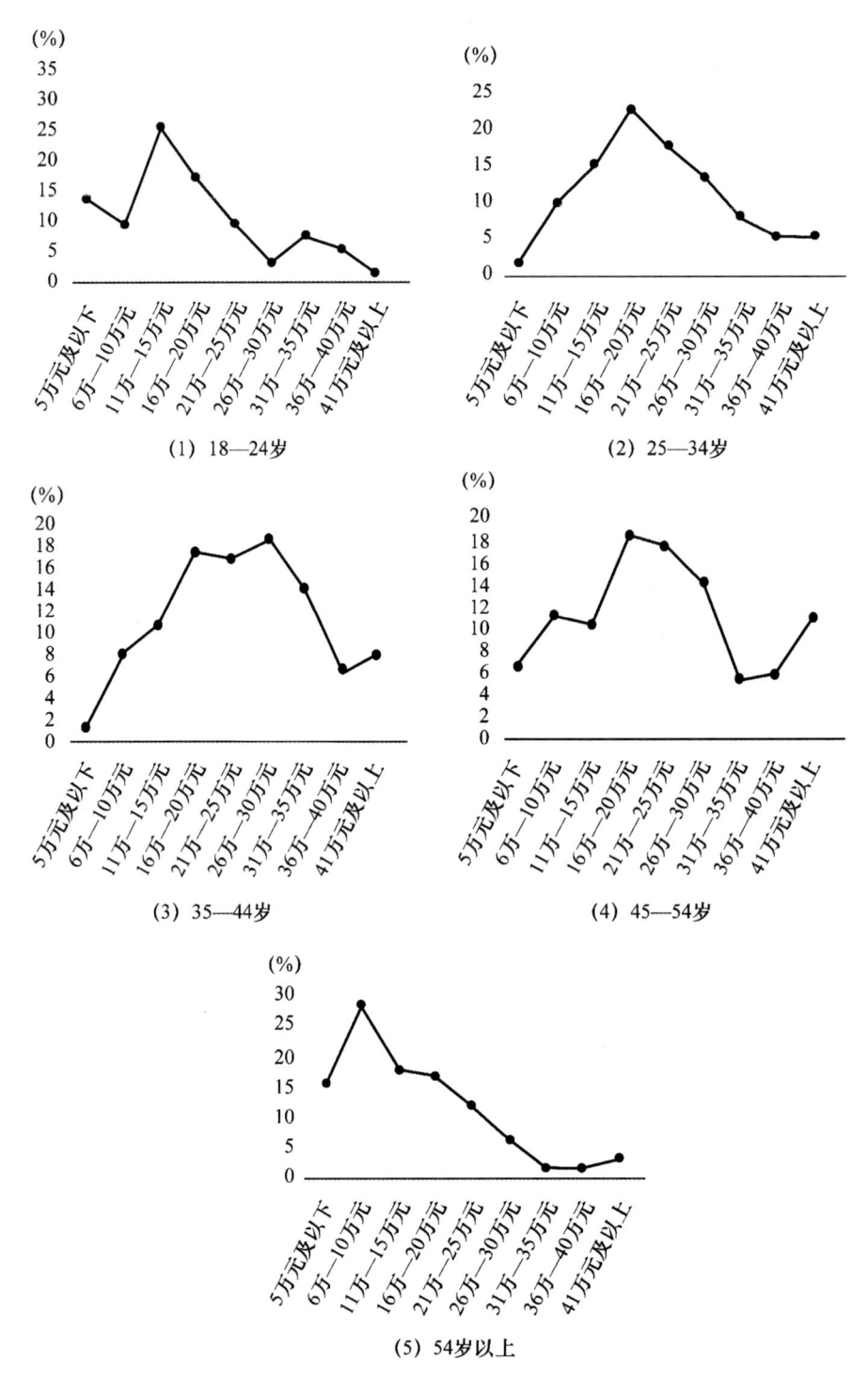

图 4-4　家装支出与消费者年龄交叉分析

资料来源：2022 年 5 月家装消费者调研，N=2000，贝壳研究院。

二 后疫情时代居家需求变化

(一) 波动生活下,居家美好生活进入新形态

后疫情时代居家办公成新常态。目前,全球新冠疫情仍在持续发展,中国一些城市也零星有疫情反复,使得人们通过各种方式应对和适应这种生活新常态,其中最大的一项变化就是居家办公。我们的调查显示,超六成家装消费者受新冠疫情影响,过去两年内有过居家办公经历。

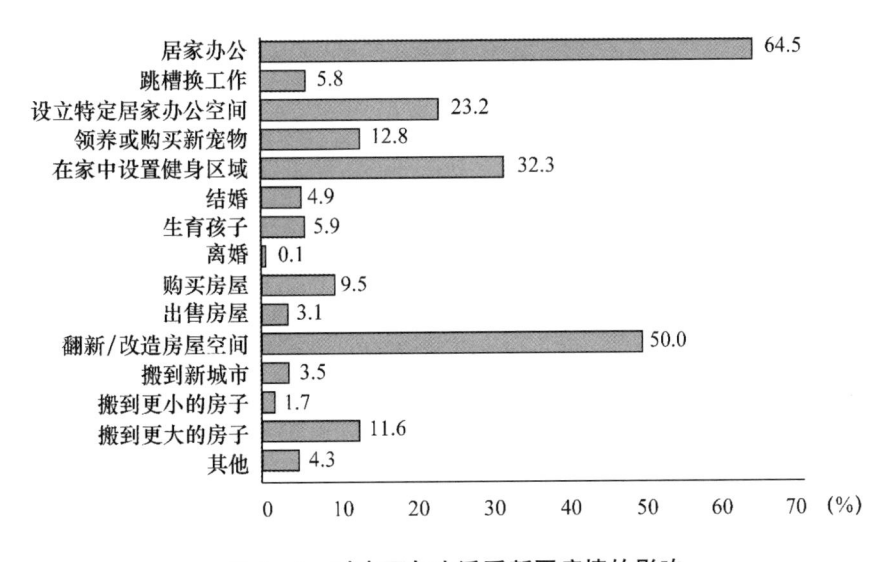

项目	比例(%)
居家办公	64.5
跳槽换工作	5.8
设立特定居家办公空间	23.2
领养或购买新宠物	12.8
在家中设置健身区域	32.3
结婚	4.9
生育孩子	5.9
离婚	0.1
购买房屋	9.5
出售房屋	3.1
翻新/改造房屋空间	50.0
搬到新城市	3.5
搬到更小的房子	1.7
搬到更大的房子	11.6
其他	4.3

图 4-5 过去两年生活受新冠疫情的影响

资料来源:2022 年 5 月家装消费者调研,N=2000,贝壳研究院。

居家场景增多,居住空间功能发生新改变。居家时间的拉长,让人们有更多的时间去审视自己的居住环境、有更多的精力去投入改善,居住空间功能的改变因此而起。调查显示,一半的受访者在过去两年里有翻新/改造房屋空间的经历。此外,居家办公也带来了一些问题,比如无法从物理上区分工作和生活环境,增加了"职业倦怠"的发生风险,因此,重新定义居住空间功能,划清工作与生活的界限,以帮助自己迅速进入工

作状态,同时在工作结束后又能及时进入生活状态,成为中国消费者居住方式的一大新变化,改变了人们以往对居住空间功能的观念。此外,因为社交隔离等防疫措施的需要,部分消费者的户外活动受限,有部分消费者在家还专门开辟了健身区域(32.3%),也是后疫情时代居家生活的一大变化。

疫情也加大了不同群体居家生活上的差异。整体上,后疫情时代中国消费者的生活都发生了持久性的变化,但受各种因素影响,不同消费群体表现出更加多样的变化。我们从年龄、收入、性别、学历、婚姻状态、职业、家庭结构等多个人口统计学维度进行对比分析发现,后疫情时代生活变化在不同收入、不同学历

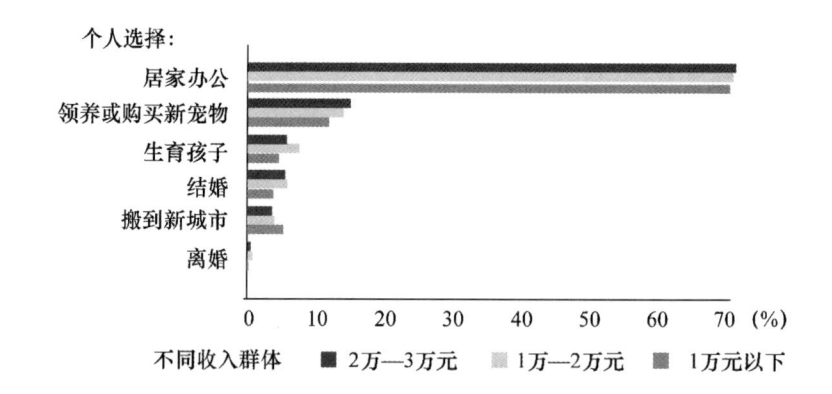

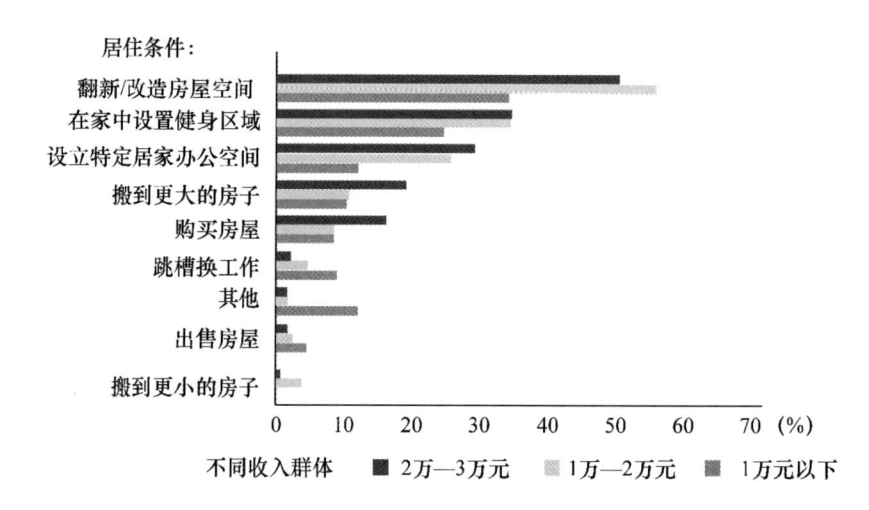

图 4-6 过去两年生活受新冠疫情影响而发生的变化

资料来源:2022年5月家装消费者调研,N=2000,贝壳研究院。

群体间的差异趋势较为明显。调查显示，过去两年间，收入越高的群体居家办公、在家中设定特定办公空间、在家中设置健身区域、购买房屋的比例越高，跳槽换工作、出售房屋的比例更小。

（二）消费"进化"，健康生活观念发生最大改变

健康生活理念持续升温，比便捷和享受更重要。后疫情时代，健康无疑成为消费者的头等大事，但现实的经济财务压力也增加了消费者的脆弱性，消费避险避坑受到更多关注。我们的调查显示，后疫情时代，消费者发生最大的改变是"更关注人身安全相关的健康因素"（62.7%）；其次，随着疫情对经济带来的波动影响，经济财务方面对消费认知也造成较大影响和改变，人们在消费时"更关注消费风险问题和抗风险能力下降"（51.2%），以及"更重视自己的财务状况和商品服务性价比"（42.0%）。

项目	比例(%)
更重视自己的财务状况和商品服务性价比	42.0
更关注购买的便利度	40.3
更关注消费风险问题和抗风险能力下降	51.2
更关注人身安全相关的健康因素	62.7
更信任大品牌	37.3
更注重消费体验/质量/品类带来的愉悦感	32.5
更注重消费对自我需求的满足	20.0

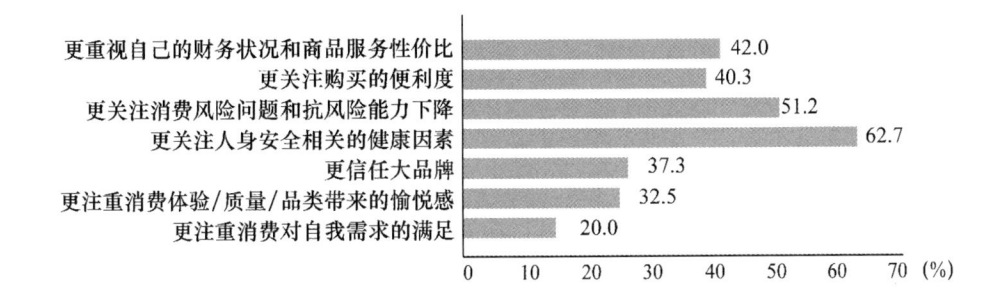

图 4-7 后疫情时代消费改变

资料来源：2022 年 9 月家装消费者调研，N = 2000，贝壳研究院。

消费升级之下有分级。整体上看，后疫情时代消费观念升级，人们更关注人身安全相关的健康因素，其次是经济相关的因素，再者是消费体验和消费价值，但值得注意的是，调查发现年龄、收入水平、学历水平和所在地区都会影响消费者认知的变化，但影响程度不尽相同。换句话说，有些改变是持久性的变革，而有些改变更针对特定的消费群体。

| 更重视自己的财务状况和商品服务性价比 |
| 更关注购买的便利度 |
| 更关注消费风险问题和抗风险能力下降 |
| 更关注人身安全相关的健康因素 |
| 更信任大品牌 |
| 更注重消费体验/质量/品类带来的愉悦感 |
| 更注重消费对自我需求的满足 |

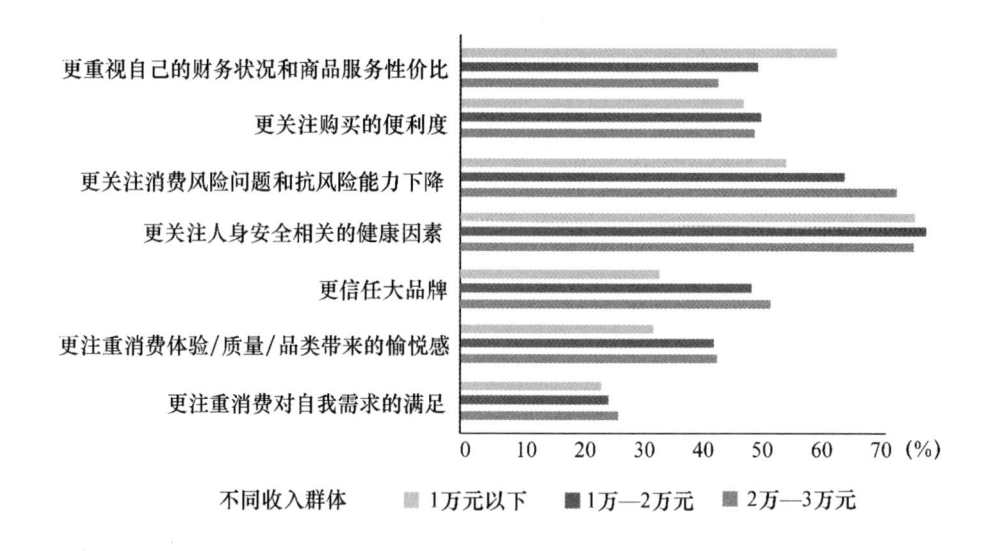

不同收入群体   ■ 1万元以下   ■ 1万—2万元   ■ 2万—3万元

图 4-8　后疫情时代消费改变

资料来源：2022 年 9 月家装消费者调研，N=2000，贝壳研究院。

在我们的调查中发现，"更关注人身安全相关的健康因素""更关注购买的便利度"等改变从传统的人口统计范畴来看具有普遍性，且消费者群体中占比不在少数，未来更具有持久普遍性可能。而其他的消费改变趋势则在不同群体中有更多差异，有些更关注消费体验，有些更关注性价比等。差异最多的是不同收入的群体，收入越高的群体，更关注消费风险问题和抗风险能力下降、更信任大品牌、更注重消费体验/质量/品类带来的愉悦感；而收入越低的群体，更重视自己的财务状况和商品服务性价比。其他的不同群体和消费改变差异趋势还包括，越年轻的消费群体愈加关注消费风险问题和抗风险能力下降，学历越高的消费群体愈加关注人身安全相关的健康因素等。

(三) 不确定消费下的谨慎，主力人群更关注风险

疫情增加家装消费不确定性，多数消费者家庭装修进程受影响。

过去两年的时间里，不时有零星疫情发生，家装进程受到

不同程度的拖累。调查显示,家装消费者中,只有两成左右(22.0%)的受访者表示新冠疫情对自己家庭装修未造成任何影响。在疫情对家装的直接影响中,出现最多的情况是"疫情导致人力、材料成本上升"(48.7%),其次是"疫情导致材料产品无法及时运输"(40.7%)以及"疫情影响工人入场施工拖累工期"(39.0%)。

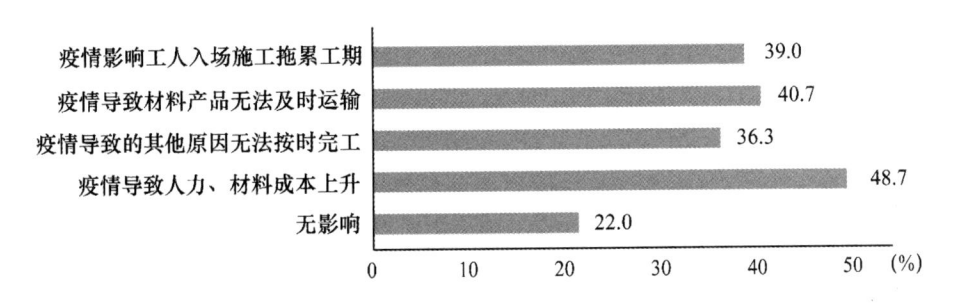

图4-9 新冠疫情对家庭装修的影响

资料来源:2022年5月家装消费者调研,N=2000,贝壳研究院。

疫情对全国各地的影响不同,不同地区家装消费受到的影响程度也不一样。从空间区域上看,在一线城市和新一线城市之间,疫情对家庭装修的影响差异不大;但分区域看在一些问题上有显著差异,成渝、珠三角地区家装消费受疫情影响要小于长

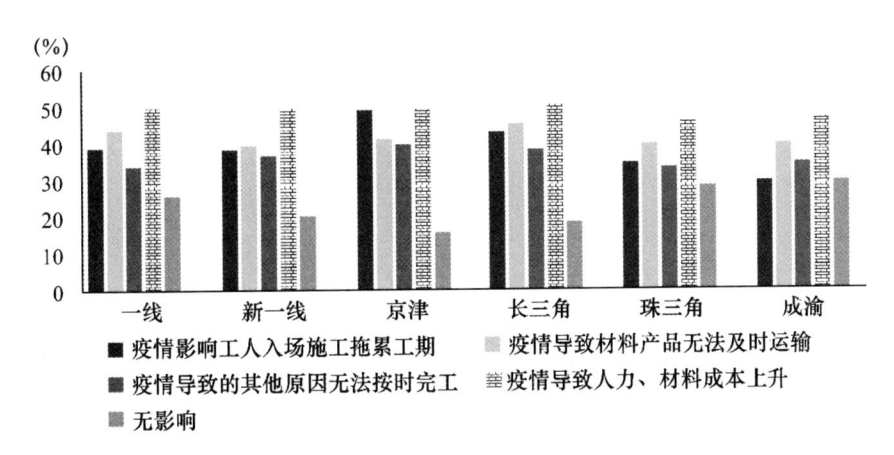

图4-10 过去两年家庭装修受疫情影响情况

资料来源:2022年5月家装消费者调研,N=2000,贝壳研究院。

三角、京津地区。

主力消费人群更加关注风险问题。后疫情时代面临诸多不确定性，家装消费主力人群抗风险能力下降、更关注消费风险问题。我们的调查显示，家装主力消费群体——装修全部开支在 16 万—30 万元之间的消费者，"更关注消费风险问题和抗风险能力下降"的占比明显高于其他装修支出费用段的消费者，"稳定品质"在后疫情时代将会更受消费者追捧。此外，从整体

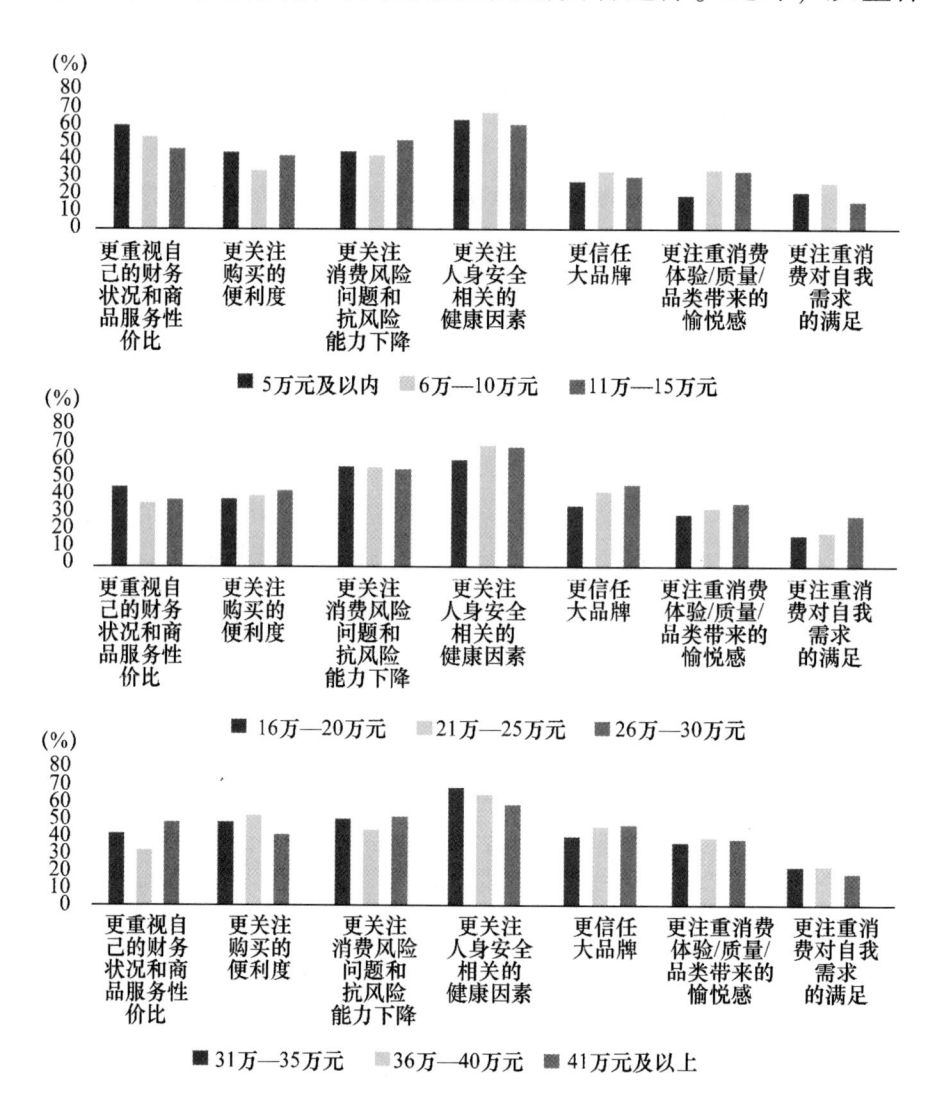

图 4-11　后疫情时代消费改变 & 家庭装修支出水平交叉分析

资料来源：2022 年 5 月家装消费者调研，N＝2000，贝壳研究院。

趋势上看，家装消费越高的群体也愈加信任大品牌，也更注重消费体验/质量/品类带来的愉悦感。

综上所述，持续两年多的新冠疫情带来的风险、不确定性和差异，改变了中国家装消费者的生活方式及生活、消费认知和消费行为，对家庭空间功能的重新定义带来了居家美好生活的重新定义，健康意识、风险意识的提升影响着家装消费新的选择，这些因素共同激发并影响着家装消费的未来走向——后疫情时代家装新选择：在不确定性中寻找稳定的新价值。

三 家装消费痛点、原因及对策

家庭装修是个大工程，对于大部分消费者而言这里涉及的事项太多太复杂，牵扯的知识面太广太细，这也成了消费者们的核心痛点：不懂装修，不知道怎么去装修；信息透明度低、流程长且复杂，害怕被坑。调查结果显示，对于大部分家装消费者而言，装修属于陌生消费，有近九成左右消费者是因为购房装修，对于他们而言装修会是家庭消费里面最复杂的一项，流程漫长、烦琐又专业，而自己又缺乏信息和经验，找设计、看施工、选材料、等安装、找

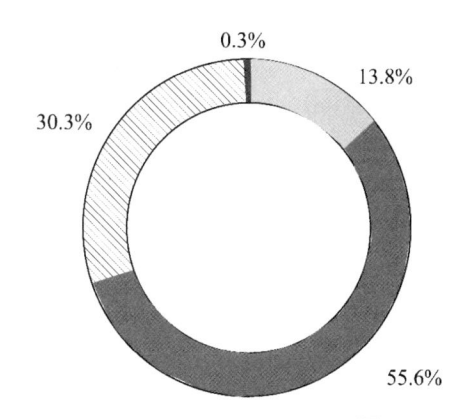

图4-12 家装消费动机

购买新房装修 55.6%　购买二手房装修 30.3%　改善居住环境 13.8%　其他 0.3%

资料来源：2022年5月家装消费者调研，N=2000，贝壳研究院。

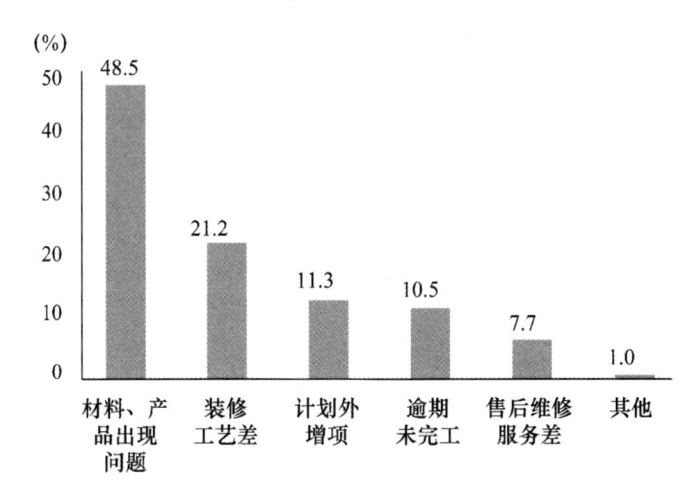

```
(%)
50  48.5
40
30
20       21.2
10            11.3  10.5
                         7.7
 0                            1.0
  材料、 装修  计划外 逾期  售后维修 其他
  产品  工艺差 增项  未完工 服务差
  出现
  问题
```

图4-13 家装消费者主要担心问题

资料来源：2022年5月家装消费者调研，N=2000，贝壳研究院。

售后这些对于他们而言既新鲜又忐忑。传统家庭装修基本上是"一锤子买卖"，装修业主的理念是"省心、省事、省钱、省力"，现实却是服务提供商在每一个装修环节都可能出现问题。

调查中，家装消费者最担心的是装修过程中材料、产品出现问题（48.5%）；其次还担心装修工艺差（21.2%）；此外，对于计划外增项（11.3%）、逾期未完工（10.5%）和售后维保服务差（7.7%）也有不同程度的担忧。担心不是空穴来风，而是源自消费者一笔笔正在发生的损失。我们针对这些实质性问题的调查，试图找到大家面临的家装问题以及可能的规避方法。

（一）痛点一：计划外增项

装修过程中，计划外增项是最常见的事情之一，多数消费者对此表示理解和接受。调查中，超半数家装消费者在装修过程中遇到过计划外增项，而对于这些有过计划外增项的消费者而言，其中29.1%的消费者能接受，57.7%的消费者较接受，有8.8%的消费者明确表示不能接受。

44.4%

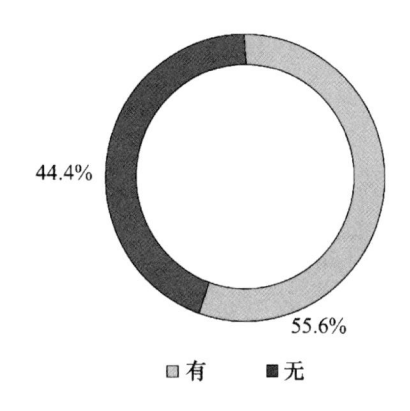

55.6%

□ 有 ■ 无

图 4-14 家庭装修计划外增项发生情况

资料来源：2022年5月家装消费者调研，N=2000，贝壳研究院。

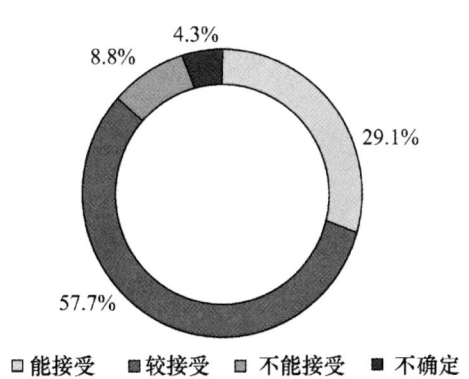

8.8% 4.3%

29.1%

57.7%

□ 能接受 ■ 较接受 □ 不能接受 ■ 不确定

图 4-15 消费者装修计划外增项接受程度

资料来源：2022年5月家装消费者调研，N=1112，贝壳研究院。

但是增项不仅会拉长装修工期，还会给装修业主增加经济负担，如果是恶意增项还会给业主带来不必要的损失。在我们的调查中，超过三分之一的受访家装消费者因计划外增项额外多支出3万元以上。

增项涉及项目种类繁多，前期设计不合理、勘察不仔细是最常见原因。在我们的调查中，计划外增项涉及最多的是水电改造（41.7%）、拆改施工（39.5%）此类隐蔽工程，增项相对较少的工程有窗套、垭口、吊顶施工（30.8%）。发生计划外增项的原因既有业主主动要求改变设计方案而发生的增项（42.4%）；

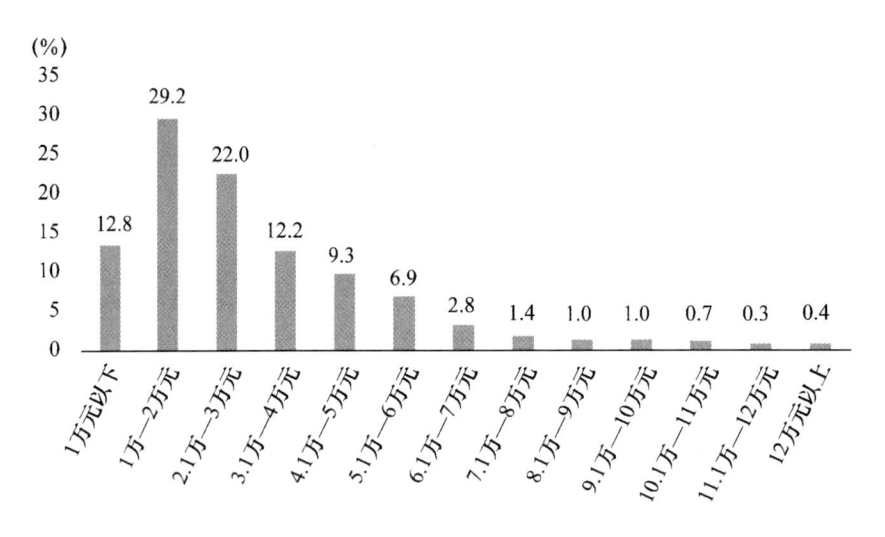

图 4-16　家装消费动机

资料来源：2022 年 5 月家装消费者调研，N=1112，贝壳研究院。

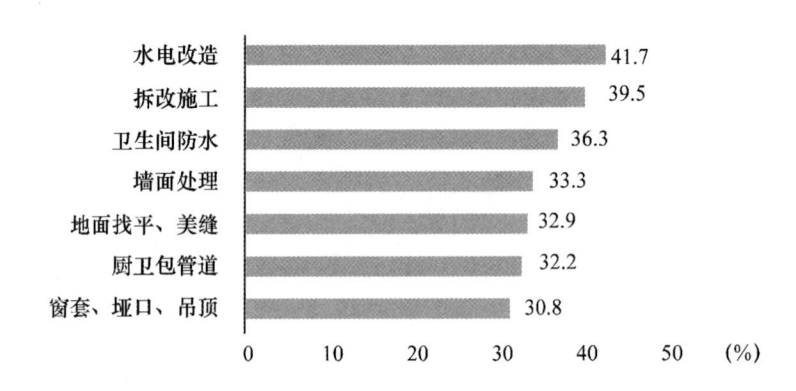

图 4-17　家装发生计划外增项的事项

资料来源：2022 年 5 月家装消费者调研，N=1112，贝壳研究院。

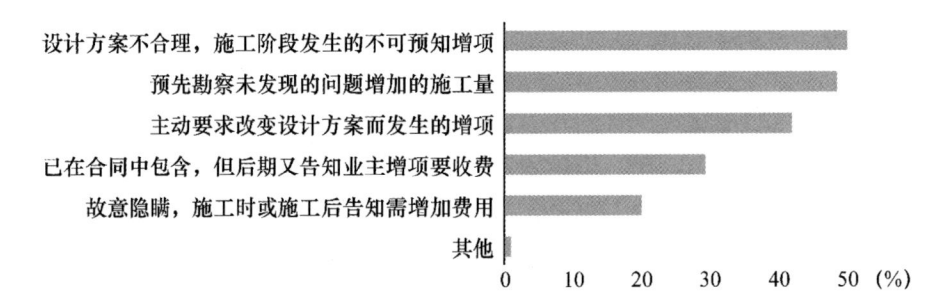

图 4-18　家装发生计划外增项原因

资料来源：2022 年 5 月家装消费者调研，N=1112，贝壳研究院。

但也有一些是因为服务提供商专业水平不够导致的，例如"设计方案不合理，施工阶段发生的不可预知增项"（49.6%）以及"预先勘察未发现的问题增加的施工量"（49%）。此外，还有一些涉嫌恶意增项的原因，例如计划外增项"已在合同中包含，但后期又告知业主增项要收费"（29.6%）以及"故意隐瞒，施工时或施工后告知需增加费用"（20.8%）。

某家装企业预勘负责人在访谈中指出，计划外增项分为合理增项和恶意增项两类，让业主吃大亏的往往是恶意增项。

正常情况下，业主临时想更换改造方案，难以避免需要增加施工项目和费用。又或者改造一些老房子时，等拆除第一层地砖以后，才发现还有一层地砖，这些不可预知项也会影响工期和预算。至于恶意增项的情况就屡见不鲜了。有的公司为了促成销售，少报或漏报施工数量与面积，把整体预算降下来，后期施工再增加报价。比如，承重墙和顶面是不需要满挂网格布抗裂，但有的工长会说必须要挂网，这样以后墙面就不会裂了等。

因此，避免计划外增项，始终警惕恶意增项，成为消费者的核心关切。消费者基于以往的消费经历的建议包括：首先，前期找到靠谱的设计服务很重要，设计方案专业合理是头等大事（63.8%）；其次，要选择在管理与服务上具有优势的品牌装修公司（62.1%）；此外，还需要事先了解装修环节、使用材料、经常出现增项的环节（38.7%）；最后，要多对比装修合同，查看材料、施工、设计、管理等清单（25.5%）。

（二）痛点二：延期竣工

调查结果显示，近半数消费者遭遇过不同程度的延期，其中人为因素影响居多。房产交易是一手交钱一手拿钥匙，而家装是交了钱后服务才刚刚开始，对于一部分消费者而言，这是一次漫长又艰难的历程，而延期竣工就像是一次次在试探消费者的忍耐底线，但现实中却很常见。在我们的调查中，有一半的消费者的家庭装修未按合同约定时间竣工，其中略有逾期46.7%、严重逾期3.5%。

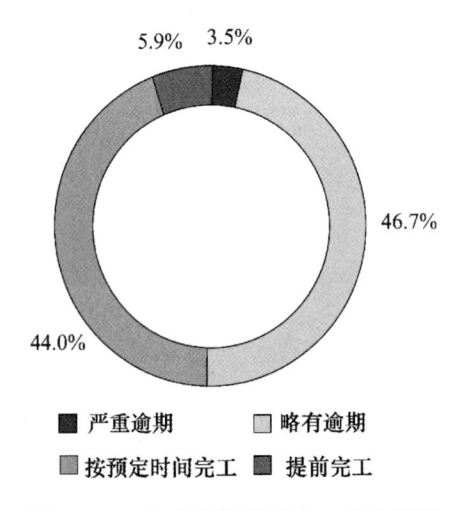

```
         5.9%  3.5%

                          46.7%

    44.0%

   ■ 严重逾期      ■ 略有逾期
   ■ 按预定时间完工  ■ 提前完工
```

图 4-19 家庭装修延期完工发生情况

资料来源：2022年5月家装消费者调研，N=2000，贝壳研究院。

导致未能准时竣工的原因有很多，最常见的是"材料、产品原因导致"（30.4%），没有准时到位或者出现问题返工；此外，与装修服务提供商相关的问题导致的延期也不在少数，包括装修公司管理水平导致（18.2%）、施工人员工艺水平导致（15.8%）以及设计环节工作不足导致（15.4%）；还有18.0%的消费者因为验收发现问题需返工导致装修逾期未完工。

某家装企业交付负责人在访谈时指出，装修出现延期交付大部分是施工质量原因导致的返工，以及人员协调不及时导致。

装修出现延期交付大部分是施工质量原因导致的返工，以及人员协调不及时导致。比如设计师主材下单晚了、厂家送货上门晚了，一个环节晚了就会延误整体装修进度。

也有一些是客户方面的原因，比如装修方案变动、自购项目进场，有时候邻里纠纷也会延误工期。还有疫情和运输过程破损这些不可抗力。但大部分延期因素都是人为的，也是可控的。避免延期交付要从这些可控因素入手，特别是避免二次返工。我们之前有一个30万元的单子，客户家面积200平方米，快到竣工交付时才发现有一面墙砌歪了。质量问题是不可饶恕的，只好跟客户沟通全部拆除。客户一开始非常生气，后来，我们承担了返工的全部成本，还按照合同给了延期赔付，用户才接受了方案。

现在竣工验收都已线上化，即便延期，客户用手机就能看到延期原因、进度，点击"确认赔付"马上就会到账。信息透明，及时介入处理，客户体验就会好很多。如今这位"被延期"的客户对服务整体满意，和我们仍保持联系。

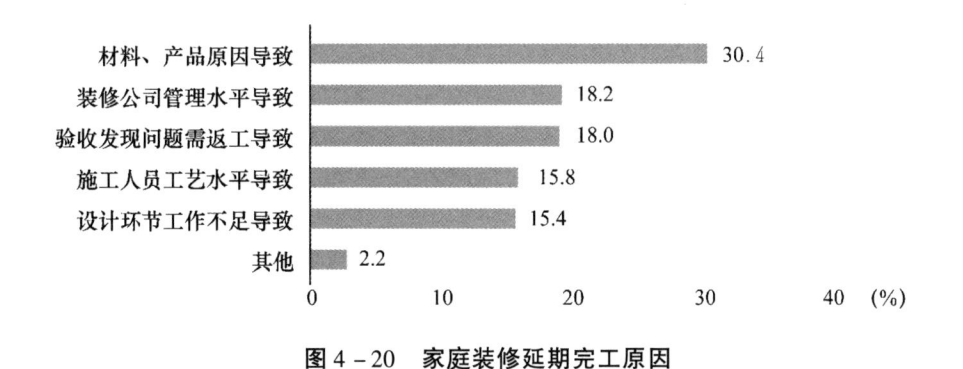

原因	百分比
材料、产品原因导致	30.4
装修公司管理水平导致	18.2
验收发现问题需返工导致	18.0
施工人员工艺水平导致	15.8
设计环节工作不足导致	15.4
其他	2.2

图4-20 家庭装修延期完工原因

资料来源：2022年5月家装消费者调研，N=1003，贝壳研究院。

在遇到逾期问题时，大部分装修公司会积极应对完成工程（61.8%）或者主动赔偿（20.6%），也有少数消费者通过采取法律手段维权（2.6%），但因为复杂的装修本就让人已经筋疲力尽，法律维权带来的时间精力成本更高，因此这部分消费者的比例并不高，有一部分消费者面对逾期以及装修公司推卸责任的情况，只得选择默默吞下苦果（14.2%）。

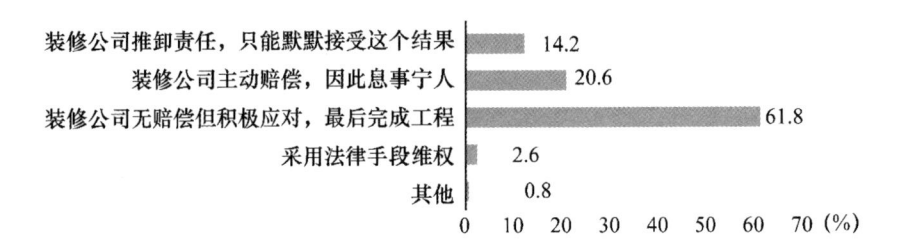

```
装修公司推卸责任，只能默默接受这个结果  14.2
装修公司主动赔偿，因此息事宁人           20.6
装修公司无赔偿但积极应对，最后完成工程   61.8
采用法律手段维权                          2.6
其他                                      0.8
```

图 4-21　家庭装修延期完工解决结果

资料来源：2022 年 5 月家装消费者调研，N=1003，贝壳研究院。

（三）痛点三：材料问题

调查指出，家装消费者认为近六成家装有材料问题，辅材比主材更容易发生。购买家庭装修材料是最让消费者头疼的事情，也是"猫腻"最多的地方。无论是瓷砖、地板这类大宗材料，还是一些小的辅材，都有可能出现以次充好、缺斤少两的陷阱，让人防不胜防。

在我们的调查中，有超过六成的家装消费者曾遇到过各类材料问题，其中既有涉及材料本身的问题，例如材料不环保、有害健康（26.5%）、材料质量不合格（21.3%）、材料假冒（5.1%）；也有涉及材料使用的问题，例如材料选择搭配不当（34.0%）、材料使用处理不当（25.7%）等。

```
材料选择搭配不当    34.0
材料不环保、有害健康 26.5
材料使用处理不当    25.7
材料质量不合格      21.3
材料假冒             5.1
其他材料问题         0.3
无问题              39.8
```

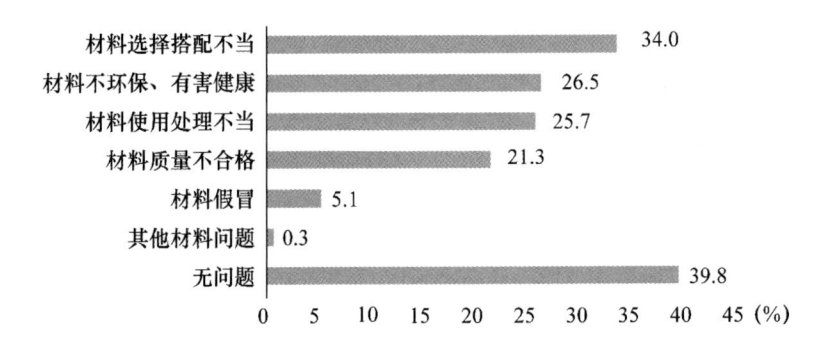

图 4-22　家庭装修材料问题发生情况

资料来源：2022 年 5 月家装消费者调研，N=2000，贝壳研究院。

主材 45.3%　　辅材 69.2%

材料问题类别：

主材(%)：墙地砖 38.1；木地板 34.2；墙纸 32.4；橱柜 31.0；石材 28.2；洁具卫浴设备 27.3；瓷砖 24.0；门窗 19.8；其他主材 0.2

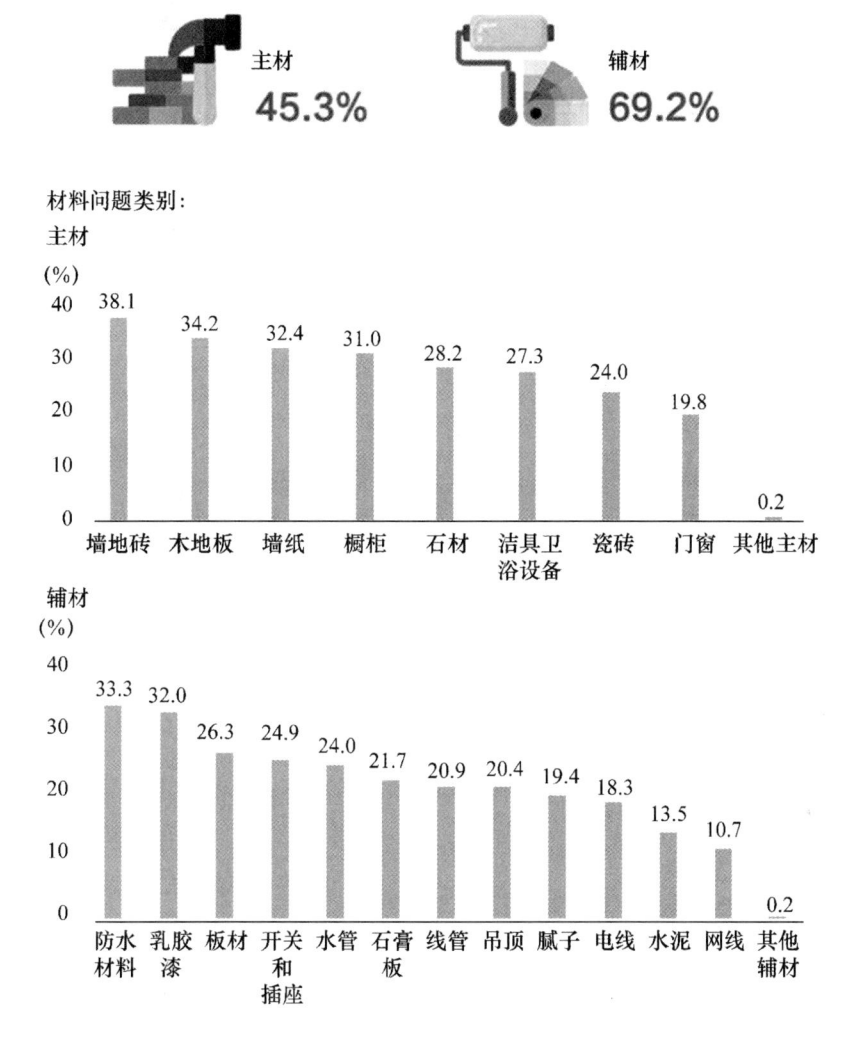

辅材(%)：防水材料 33.3；乳胶漆 32.0；板材 26.3；开关和插座 24.9；水管 24.0；石膏板 21.7；线管 20.9；吊顶 20.4；腻子 19.4；电线 18.3；水泥 13.5；网线 10.7；其他辅材 0.2

图4-23　家庭装修材料问题类别

资料来源：2022年5月家装消费者调研，N=1205，贝壳研究院。

装修材料出现问题涉及面广，辅材因种类更繁杂，比主材更易出问题。按主材和辅材两大类进行划分，在遭遇材料问题的消费者中，有69.2%遇到了辅材问题，有45.3%遇到了主材问题。

具体来看，辅材方面最容易出现问题的材料有防水材料（33.3%）、乳胶漆（32.0%）、板材（26.3%）等；主材最常出现问题的有墙地砖（38.1%）、木地板（34.2%）、墙纸（32.4%）、橱柜（31.0%）等。在购买家装产品方面，一不小心也很容易踩坑，在我们的调查中，家装消费者认为购买地板（46.1%）、电子五金（45.4%）、瓷砖（45.0%）三类家装产品是最容易踩的坑。

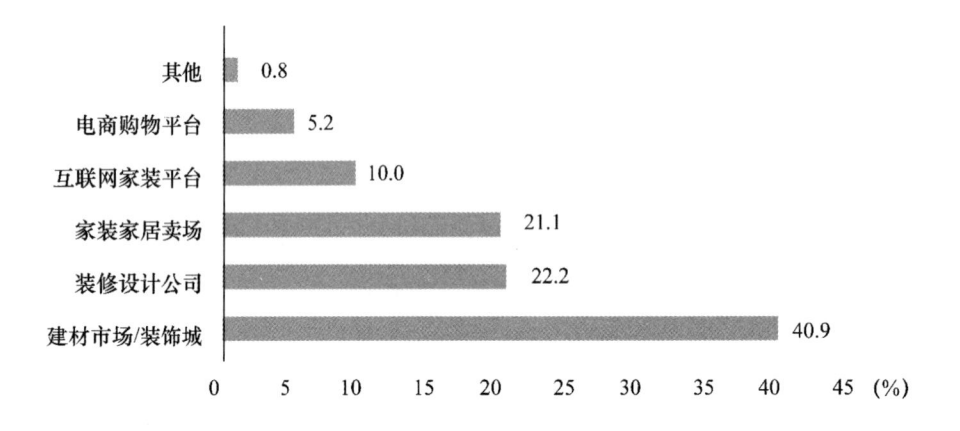

购买途径	比例(%)
其他	0.8
电商购物平台	5.2
互联网家装平台	10.0
家装家居卖场	21.1
装修设计公司	22.2
建材市场/装饰城	40.9

图 4-24　家装消费者购买装修产品途径

资料来源：2022 年 5 月家装消费者调研，N=1205，贝壳研究院。

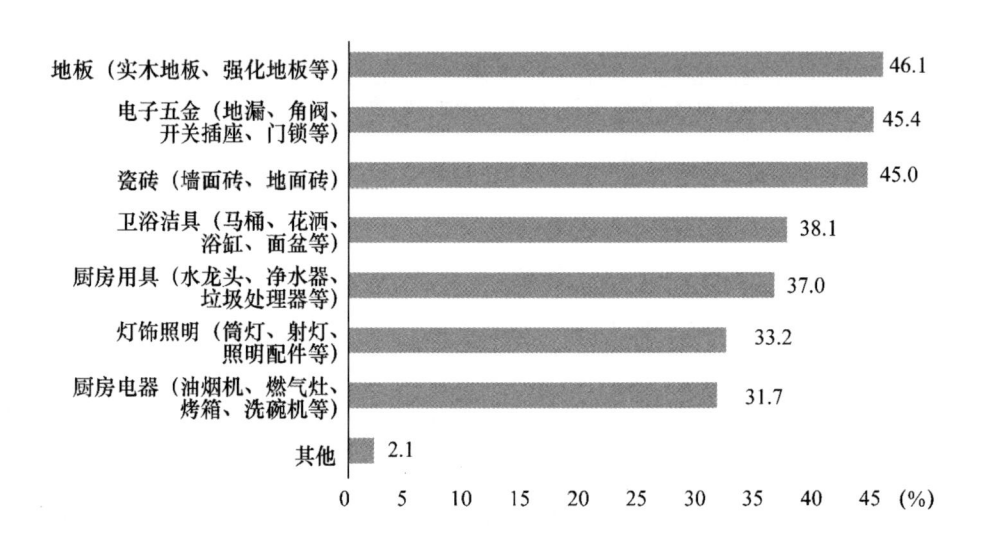

产品类别	比例(%)
地板（实木地板、强化地板等）	46.1
电子五金（地漏、角阀、开关插座、门锁等）	45.4
瓷砖（墙面砖、地面砖）	45.0
卫浴洁具（马桶、花洒、浴缸、面盆等）	38.1
厨房用具（水龙头、净水器、垃圾处理器等）	37.0
灯饰照明（筒灯、射灯、照明配件等）	33.2
厨房电器（油烟机、燃气灶、烤箱、洗碗机等）	31.7
其他	2.1

图 4-25　装修产品易踩坑类别——消费者反馈

资料来源：2022 年 5 月家装消费者调研，N=1205，贝壳研究院。

某公司工程管理中心相关人员在访谈中指出，业主在材料方面最常碰到的雷区，主要是样式选择搭配和质量问题。

业主在材料方面最常碰到的雷区，主要是样式选择搭配和质量问题。如果是自己做主，选材料样式的时候，一定不要东抄抄西抄抄。假如是同一小区和户型的情况下，借鉴别人的装修方案，不会出太大问题。最怕就是从 A 那里学用大理石瓷砖，从 B 那里学用木地板，而且户型区别还很大，最终效果就是"四不像"。如果选择了全包的套餐，一定要看清楚材料的品牌、样式、规格。有些便宜的套餐，只提供两三款材料选择，还都是比较老气的风格，最后还是要业主自掏腰包买套餐外的材料。

其实，装修材料就好像电脑芯片一样，外观上看似一样，其实质量和性能差别很大。比如，瓷砖的密度是不一样的，密度越大，对应的吸水率会越低。瓷砖的釉面耐磨程度、抗污程度都各有差别。质量不好的瓷砖，很容易就会开裂或脱落。这些从外观上都看不出来，只有专业的设备才能鉴别。一分钱一分货，价格在可接受范围的话，一定要选知名品牌的材料。

另外还要注意的是，工艺对辅料的影响也很大。比如，水泥砂浆贴瓷砖，工艺简单，辅料也便宜。但时间长了，水泥会收缩，墙面就会空鼓。假如用薄贴法工艺，就需要瓷砖粘贴剂，这种材料比水泥贵，好处就是瓷砖贴得很牢固，十年、二十年都不会掉。所以装修是牵一发而动全身的事，选了好材料，但没有好的施工团队，最后很可能还是会搞砸。

（四）痛点四：工艺问题

调查显示，家装消费者对泥工工艺满意度最低，工人能力参差不齐是主因。除了材料、产品质量，装修工艺水平也决定了家庭装修的最终质量和效果，工艺问题藏在墙面、地面中，隐蔽工程更是无小事，其重要程度仅次于材料问题。在我们的调查中，大部分家装消费者对为自己服务的装修工人工艺水平表示满意，但也有24%的受访消费者认为装修工艺水平一般或不满意。

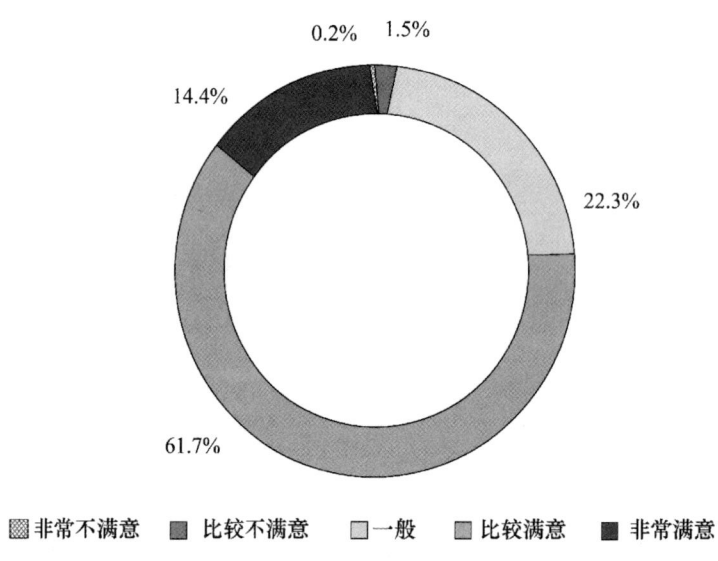

图4-26 消费者对装修工人工艺水平满意度

非常不满意 0.2%　比较不满意 1.5%　一般 22.3%　比较满意 61.7%　非常满意 14.4%

资料来源：2022年5月家装消费者调研，N=2000，贝壳研究院。

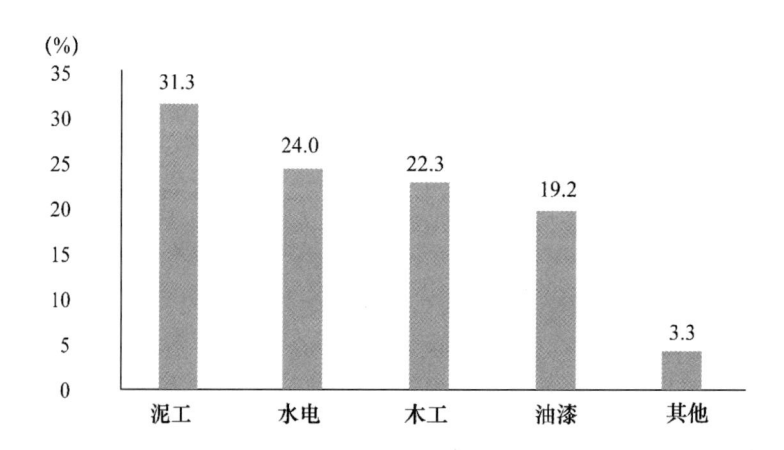

图4-27 家装消费者最不满意的工艺环节

泥工 31.3　水电 24.0　木工 22.3　油漆 19.2　其他 3.3

资料来源：2022年5月家装消费者调研，N=480，贝壳研究院。

一般而言，家庭装修可粗略分为四道工艺，即水电、泥工、木工、油漆，这四道工艺之间相互关联，相互影响，稳定规范的工艺水准和流程是整个家庭装修质量的保证。调查显示，家装消费者对这四道工艺环节的服务满意度参差不齐，消费者最不满意的工艺环节是泥工（31.3%），其次是水电（24.0%）、木工（22.3%）。装修工艺出现问题既有工人个人的原因，也有服务提供商的问题导致。最常见的几类原因包括：装修工人能力水平参差不齐（66.3%）、隐蔽工程不易监督导致（43.5%）、施工现场管理不规范（39.4%）以及装修工人个人工作态度问题（36.0%）。

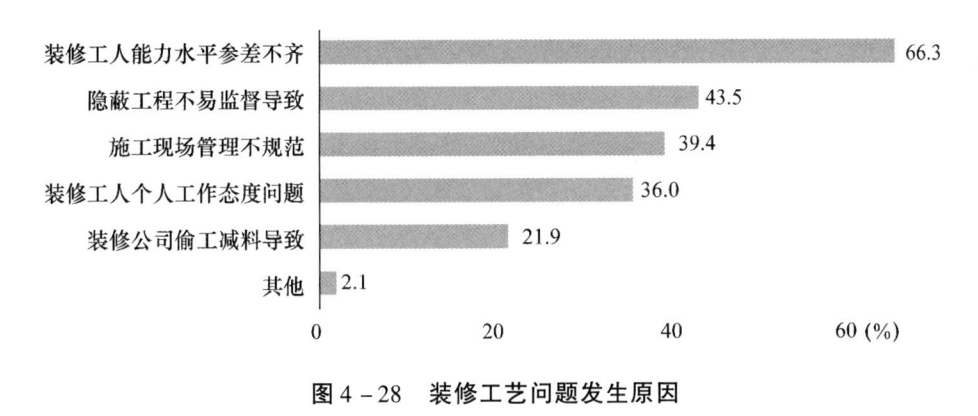

装修工艺问题发生原因	比例
装修工人能力水平参差不齐	66.3
隐蔽工程不易监督导致	43.5
施工现场管理不规范	39.4
装修工人个人工作态度问题	36.0
装修公司偷工减料导致	21.9
其他	2.1

图 4-28 装修工艺问题发生原因

资料来源：2022 年 5 月家装消费者调研，N = 480，贝壳研究院。

某家装企业油漆工班相关人士在访谈时指出，装修时切忌贪小便宜，找专业施工团队可能费钱，但一定很省心。他同时分享了一些验收时的避坑小技巧。

（1）水电：一定要先仔细检查水电的作业情况，再往后施工。因为在水电施工环节，能清楚地看见管子的走势，一旦泥工介入后，水电部分就被隐藏起来了。尤其重点关注水电的接头地方，看施压时是否漏水漏电。

（2）泥工：特别要注意平整度。瓦工贴瓷砖，平不平，能摸到。敲一下，能知道空鼓和不空鼓。

（3）木工：特别要注意吊顶开裂的问题，工人作业不精细、材料质量差，特别是拐角的部分热胀冷缩，都极容易导致骨架开裂。一般而言，目前大多数的吊顶使用轻钢龙骨，验收时现场可以用棍子捣一捣，测试下是否牢固。

（4）油漆：特别注意平整度。尤其注意的是，一定要等第一遍干了之后才能开始第二遍，否则容易出现水分未挥发的情况，导致后续出现干裂鼓包。另外需要明确的是，合同中是否包含了挂网，避免后续出现挂网增费问题。

（5）装修工人：明确工人是否是项目方自用工人，还是外来的流动工人。专业的工人极少出现施工问题，一旦出问题也能托底；有公司在，才能及时反馈问题并得到解决，但流动工人完工后下一秒就可能找不到人。

（6）施工管理：特别注意是否会出现"赶工期"的情况。如果水电、泥工、木工、油漆四项工艺无序地同步进行，就会导致现场混乱，质量监管缺失。

（五）痛点五：售后问题

调查结果显示，家装消费者在装修时材料和施工质量问题最多，但多数售后能满意解决。很多家装问题在装修时一般并不容易看出来，且家装材料和施工细节太多，往往在入住后才会不断显现，因此，可靠的售后服务就显得至关重要。

调查显示，有超过一半的家装消费者在装修完成以后遇到售后问题（52.9%），最常见的三类售后问题是施工质量问题（29.2%）和装修材料质量问题（28.2%）以及使用损坏问题（21.4%）。从装修公司售后问题解决的满意度看，六成以上遇到售后问题的消费者都得到了满意的解决，但也有少数消费者（5.8%）对售后服务明确表示不满。

某家装企业交付售后负责人在访谈时指出，传统家装公司售后难在"机制"。

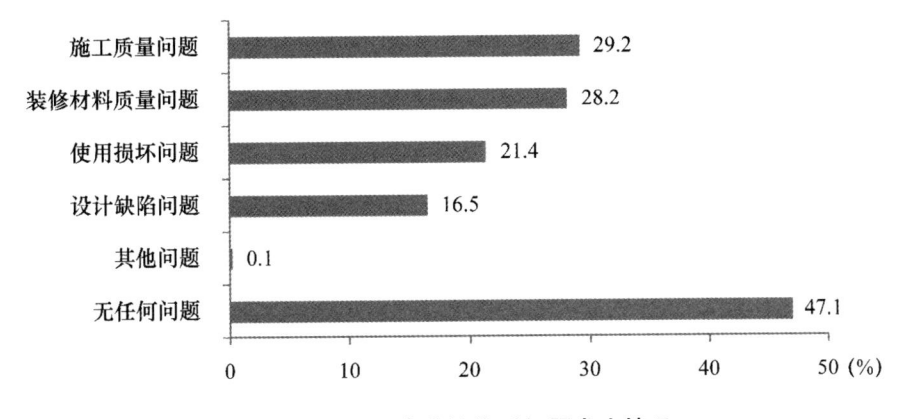

图4-29 家庭装修售后问题发生情况

- 施工质量问题：29.2
- 装修材料质量问题：28.2
- 使用损坏问题：21.4
- 设计缺陷问题：16.5
- 其他问题：0.1
- 无任何问题：47.1

资料来源：2022年5月家装消费者调研，N=2000，贝壳研究院。

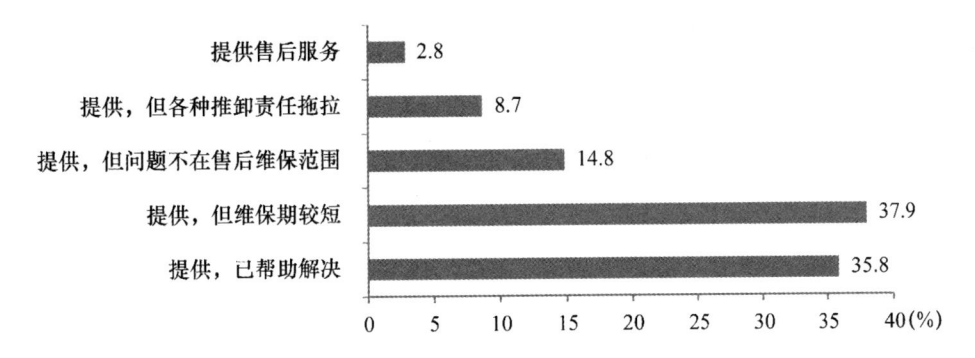

图4-30 装修公司售后问题解决——消费者反馈

- 提供售后服务：2.8
- 提供，但各种推卸责任拖拉：8.7
- 提供，但问题不在售后维保范围：14.8
- 提供，但维保期较短：37.9
- 提供，已帮助解决：35.8

资料来源：2022年5月家装消费者调研，N=1059，贝壳研究院。

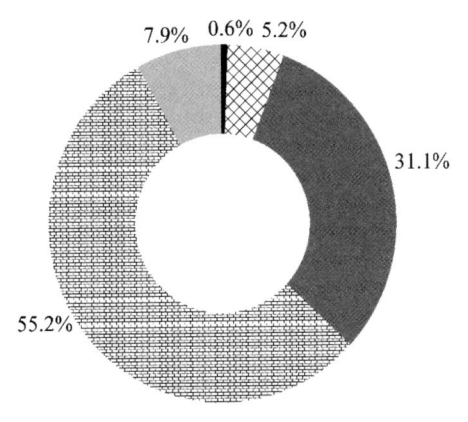

图4-31 消费者对装修公司售后服务满意度

- 非常不满意：0.6%
- 比较不满意：5.2%
- 一般：31.1%
- 比较满意：55.2%
- 非常满意：7.9%

资料来源：2022年5月家装消费者调研，N=1029，贝壳研究院。

家装售后问题很大一部分是因为施工问题。比如工人安装主材，或者一些由厂家负责安装的大件。由人来操作的事，总是有概率出现瑕疵。

传统家装公司售后难在"机制"：客户投诉到公司，公司再转派给装修的工长，或者相应厂家。工长当责任人，必然没办法保证时效性和服务质量。因为售后不赚钱，一旦承担责任可能还要赔钱，所以工长一定是能推就推。找厂家也是同样的情况。用户遇到问题肯定想越快解决越好，家装售后的痛点是速度慢，态度差。我们在机制上对售后做了切分：客户投诉过来不是直接给责任人，而是由专门的售后部门处理，也有专职售后人员做时效管理。售后部门有自己的培训和绩效考核。

目标不一样，做事的态度就会不一样。比如给客户维保时，我们发现楼上漏水渗透到顶棚，就主动去找楼上协商解决。客户家窗户不是我们装的，开关时会刮到台面，工人看到也会顺手解决。客户后来给我们写了感谢信，因为你帮他解决了他自己都没发现的问题。用户的感受很不一样。

还有一些售后问题是因为客户自己不注意保养，这些需要跟客户做好沟通：先倾听，了解问题是怎么产生的，再给出解决建议。我们的态度是优先解决问题再定责。

四 家装消费者服务提供商选择偏好

后疫情时代，也是品质驱动的新服务时代。虽然疫情打乱了日常生活，但消费者对家装品质、价值和服务的追求没有改变，而且对家装服务的要求更细致，这些都归到一个核心诉求上：如何找到一家靠谱的装修服务提供商？

本章将从家装服务品质重要性认知度、行业推荐度以及售房经纪推荐接受度等切入，了解消费者对家装服务提供商选择的倾向。

(一) 定义"靠谱": 消费者品质认知更细致、更全面

聚焦家装服务品质认知度的调研数据显示,消费者对服务品质的要求更加全面、精细。从趋势看,传统的粗放型服务模式已走到了尽头,高质量和精细化的服务成为下一个阶段家装消费者的新追求。

短期看,很多消费者因疫情经历了工程进度延期、材料产品供应链停摆、财务压力和消费风险等种种挑战;但长期看,消费者对于家的投入和要求并不马虎,对于美好生活的品质追求没有改变,在我们调查的 12 个维度的家装服务品质中,消费者基本上都给予了较高的评分,这些维度既涉及服务硬性专业能力,也涉及沟通、信任等精神情感层面的软性需求,是消费者对"一家靠谱的装修服务提供商"的具体定义。

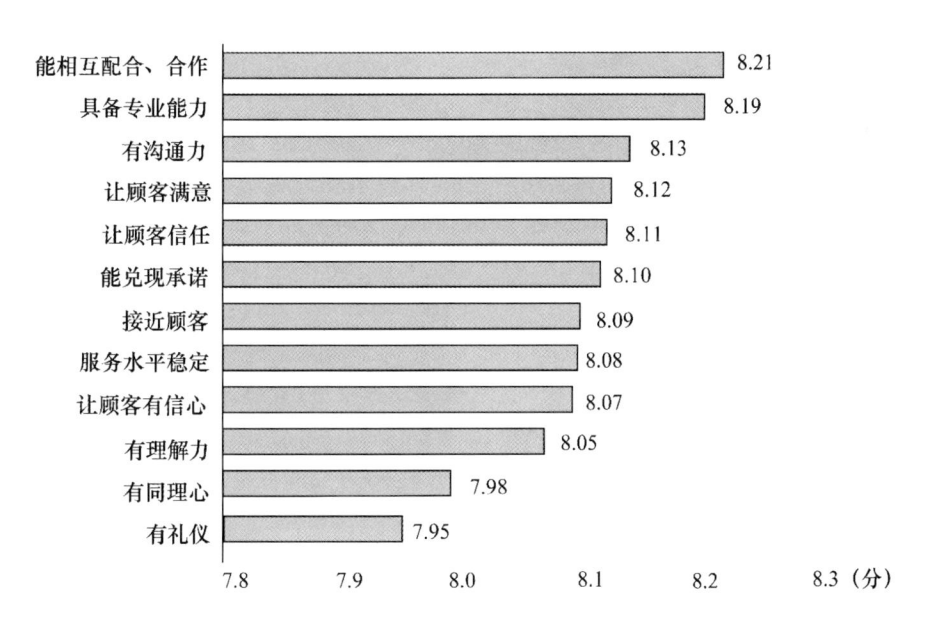

维度	评分
能相互配合、合作	8.21
具备专业能力	8.19
有沟通力	8.13
让顾客满意	8.12
让顾客信任	8.11
能兑现承诺	8.10
接近顾客	8.09
服务水平稳定	8.08
让顾客有信心	8.07
有理解力	8.05
有同理心	7.98
有礼仪	7.95

图 4-32 家装消费者服务品质重要性认知评分结果(平均得分,满分 10 分)

资料来源:2022 年 5 月家装消费者调研,N=2000,贝壳研究院。

在家装服务品质重要性认知上,一线城市消费者重要性评分明显要高于二线城市,高品质消费者更看重各项服务品质。

(二) 消费者家装服务推荐：信任更可贵

每一个家装消费者心中都有一份服务提供商的"成绩单"——推荐度（NPS），从整体上看，消费者对于家装服务行业较为满意，同时行业 NPS① 值为 67.2%，同时 NPS 值与家装消费档次呈一定的正向相关，低档家装消费群体的 NPS 值偏低，高档家装消费群体 NPS 值相对较高，客户忠诚度特别是低档消费客群的忠诚度尚有提升空间。

家装消费者对于服务提供商的推荐度受多种因素影响，对家装服务提供商贬损者（推荐分 6 分以下的）的调查显示，首要原因是情感精神层面的"对装修公司工作人员的信任度"（46.1%），其次才是实质性层面的"装修的质量与预期差距""产品和服务性价比"以及"装修风险可控性"。

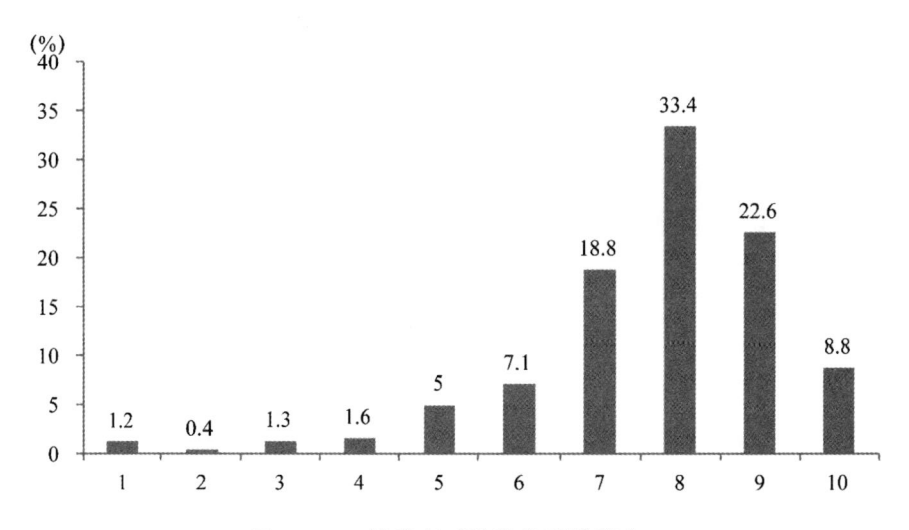

图 4-33 消费者对装修公司推荐度

资料来源：2022 年 5 月家装消费者调研，N=2000，贝壳研究院。

---

① 推荐分大于等于 8 分视为推荐者，推荐分小于等于 6 分视为贬损者，NPS 值 = 推荐者 - 贬损者，NPS 值介于 70%—80% 表示有一批高忠诚度客户。

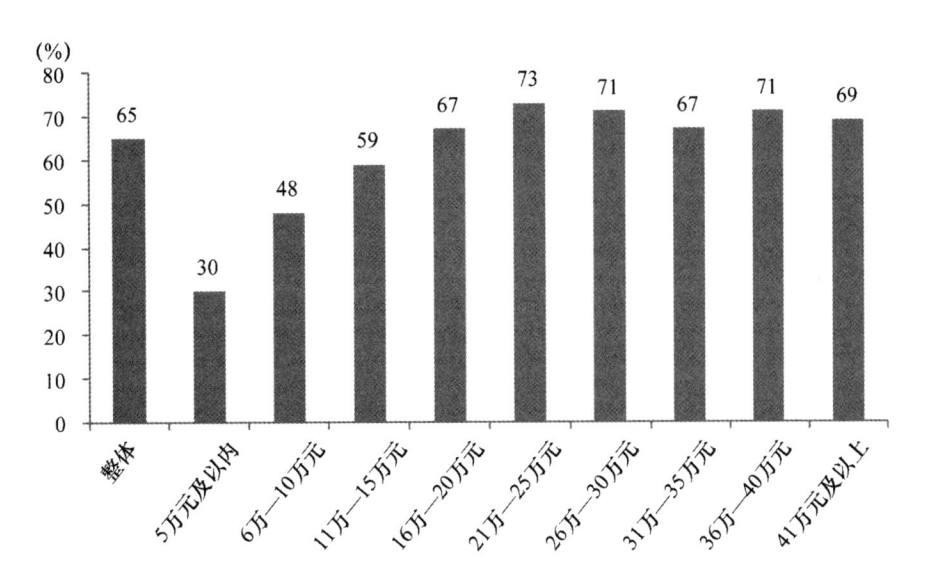

图 4-34　不同装修支出水平消费者对装修服务推荐者占比（推荐分 8 分以上）

资料来源：2022 年 5 月家装消费者调研，N=2000，贝壳研究院。

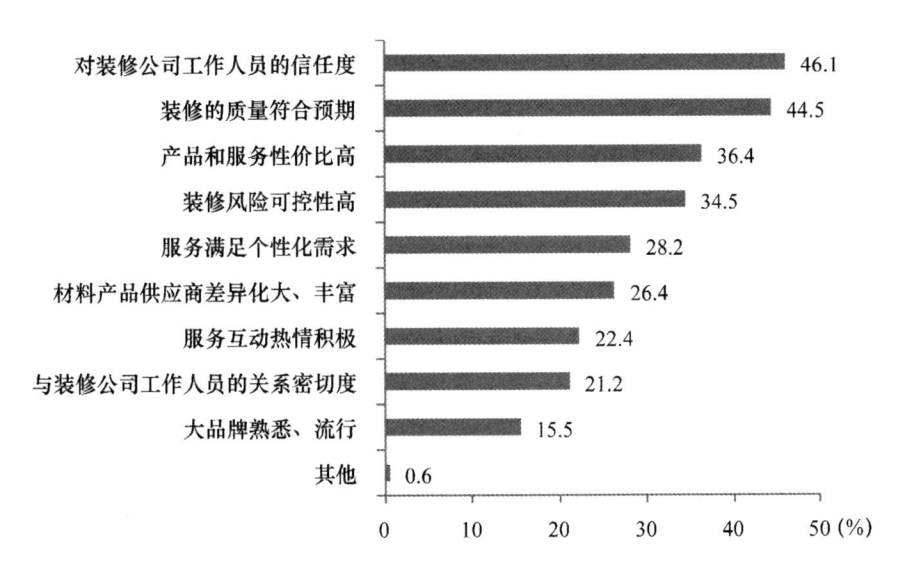

类别	占比（%）
整体	65
5万元及以内	30
6万—10万元	48
11万—15万元	59
16万—20万元	67
21万—25万元	73
26万—30万元	71
31万—35万元	67
36万—40万元	71
41万元及以上	69

影响因素	占比（%）
对装修公司工作人员的信任度	46.1
装修的质量符合预期	44.5
产品和服务性价比高	36.4
装修风险可控性高	34.5
服务满足个性化需求	28.2
材料产品供应商差异化大、丰富	26.4
服务互动热情积极	22.4
与装修公司工作人员的关系密切度	21.2
大品牌熟悉、流行	15.5
其他	0.6

图 4-35　家装消费者中贬损者影响因素（推荐分 6 分以上）

资料来源：2022 年 5 月家装消费者调研，N=330，贝壳研究院。

专 题 篇

第五章 中国家庭适老化环境与未来趋势

一 中国家庭适老化发展背景

（一）国家出台多项政策，支持家庭适老化领域发展

1. 家庭适老化是居家养老的基础和前置条件

没有居家安全，就没有居家养老。据卫生部《老年人跌倒干预技术指南》测算，中国每年约有5000万老人跌倒，其中一半发生在家中，跌倒已经成为65岁以上老年人伤残失能、伤害死亡的第一因素。在老年人跌倒案例分析中发现，身体因素造成跌倒比例仅占15%，居家环境因素造成跌倒比例高达85%。

居家养老的物理载体是住宅，行为主体是老年人，而中国自新中国成立之初至今的住宅建设都没有重视适老性设计与配置，目前大多数老人居住于20世纪八九十年代建设的老旧社区内，即便是新建的居住社区也因其供应主体为中青年人群而未有适老性设计与配置。因此，无论新旧社区的公共空间，只设置很少的无障碍通行设施，住宅内则基本没有考量老年人的生活习惯与安全宜居需求。

当前中国住宅中不适合老年人居住的缺陷主要体现在以下三个方面：

一是通行无障碍方面的不足。室内外空间在老年人通行的路径上经常出现高差且老年人在行走过程中缺少撑扶构件，其

身体很难保持平衡，适合轮椅通行的坡道设置不完善或缺失，现有大量3—4层的住宅建筑未设垂直电梯，妨碍了老年人的安全通行和正常活动。二是操作无障碍方面的不足。主要是指住宅内设施设备的配置和装设不符合老年人的使用要求。如卫生间、厨房的器具、设备未考虑到老年人使用的安全性、便利性等。三是信息感知无障碍方面的不足。主要是指居住社区室内空间指示标识系统、警示系统和公共信息通告系统不适老，对于视觉、听觉已有退化，感知力、理解力下降的老年人没有考虑适宜的信息提示方式和装置，造成老年人的认知识别困难。

家庭适老化改造是实现居家养老的重要基础条件。国家"十四五"规划明确提出要建立完善的养老服务体系，强调支持家庭承担养老功能，构建居家社区机构相协调、医养康养相结合的养老服务体系。以家庭承担养老功能是老年家庭的现实选择，家庭适老化改造能够支持老年家庭进行居家养老。在2020年7月民政部、国家发展改革委等九部委联合发布的《关于加快实施老年人居家适老化改造工程的指导意见》中明确提出，"实施老年人居家适老化改造工程是《国务院办公厅关于推进养老服务发展的意见》部署的重要任务，是巩固家庭养老基础地位、促进养老服务消费提升、推动居家养老服务提质扩容的重要抓手，对构建居家社区机构相协调、医养康养相结合的养老服务体系具有重要意义"。因此，推进家庭适老化改造势在必行。

2. 政府优先保障高龄、失能、残疾老年人家庭适老化改造

财政资金主要发挥托底作用，优先保障分散供养特困人员中的高龄、失能、残疾老年人家庭，2022年2月国务院印发的《"十四五"国家老龄事业发展和养老服务体系规划》提出，为完善家庭养老支持政策体系，"支持有条件的地区对分散供养特困人员中的高龄、失能、残疾老年人家庭实施居家适老化改造，配备辅助器具和防走失装置等设施设备"。该项政策一是明确财政支持资金的范围，二是将家庭适老化改造拓展至康复辅具和防走失设备的配备。在市场供给主体方面,《关于加快实施老年人居家适老化改造工程的指导意见》提出,要支持装修装饰、家政服务、物业等相关领域企业主体拓展适老化改造业务。鼓励成熟行业向家庭适老化领域进行延伸和扩展。

3. 制定家庭适老化改造项目清单,分为基础类和可选类

财政资金主要解决基础民生问题,其余由市场主体进行提供,因此对适老化改造的分类至关重要。《关于加快实施老年人居家适老化改造工程的指导意见》制定老年人居家适老化改造项目和老年用品配置推荐清单,分为基础类和可选类,基础类项目是政府对特殊困难老年人家庭予以补助支持的改造项目和老年用品,是改造和配置的基本内容;可选类项目是根据老年人家庭意愿,供自主付费购买的适老化改造项目和老年用品。该清单的出台,一方面可保障财政资金的精准使用,另一方面为市场家庭适老化改造提供品类选择,可针对性推出相应产品和服务。

4. 家庭适老化涵盖居住空间改造、康复辅具、适老化家电的多个领域

为保障居家养老服务的可落地性,家庭适老化改造不仅包括硬件设施环境改造,国家还鼓励通过康复辅助器具使用,家电、家具、日用品适老化形成全面的家庭适老化产品和服务体系。2022年8月工业和信息化部、住房和城乡建设部等四部委发布《推进家居产业高质量发展行动方案》,提出要围绕健康消费需求和老人、儿童等重点人群,推动适老化家电家具、健康电器、生活服务类机器人等产品研发应用。《"十四五"国家老龄事业发展和养老服务体系规划》提出,要针对不同生活场景,重点开发适老化家电、家具、洗浴装置、坐便器、厨房用品等日用产品以及智能轮椅、生物力学拐杖等辅助产品,推广易于抓握的扶手等支撑装置以及地面防滑产品、无障碍产品,发展老年益智类玩具、乐器等休闲陪护产品。这都进一步丰富了家庭适老化的产品和服务范围。

5. 家庭适老化行业标准已列入国家计划

当前，适老化产品和服务的国家标准还尚未出台，但是国家标准化管理委员会已将该项标准的制定列入计划中。2022年1月发布的《2022年国家标准立项指南》将适老化产品和服务标准列入2022年重点支持的领域和方向以及推荐性国家标准制定。适老化产品和服务包括面向老年人康复医疗、生活护理、养老服务、辅助器具、宜居建筑以及健康管理重点领域，涉及的康复辅具、智能终端、智慧养老、社会保障、公共交通、家政服务、体育健身、文化服务、金融服务、休闲旅游等方面适老化产品和服务国家标准。同时，中国工程建设标准化协会也在积极制定适老化居住空间和服务的协会标准。2020年，中国工程建设标准化协会建筑与市政工程产品应用分会归口管理的工程建设协会标准《适老化居住空间与服务设施评价标准（送审稿）》公开征集意见，并公开发布该项标准。该标准的出台将进一步规范市场环境，提升行业供给质量。

从国家政策角度来看，由于家庭适老化尚未形成独立的产业空间和格局，政府一方面鼓励成熟行业延伸发展家庭适老化，特别是装修装饰、家政服务、物业等相关领域企业主体进行延伸布局。另一方面以托底的政府购买服务方式扩大市场空间，以家庭适老化改造强化和辅助家庭养老功能。从政府端给予市场信号，鼓励增加家庭适老化市场供给。但由于市场处于萌生发展阶段，国家层面尚未形成市场标准。随着政府逐步加强市场化认知，通过政府购买服务拉动市场需求，能加快产业发展速度，服务最广大的老年群体。

（二）区域积极试点，政府购买服务是主要方式

1. 北京：在城市更新背景下，对老年人居住环境进行升级改造

北京以打造中国首个减量发展超大城市为目标，将家庭适

老化改造列入城市更新的领域。在2022年7月北京市发布的《北京市城市更新条例（草案）》中，提出城市更新行动中包括落实无障碍环境建设要求，持续推进适老化城市、社区、住房改造与建设，系统打造城市适老化宜居环境。

北京市通过政府购买服务方式已初步完成全市高龄、困难及残疾家庭的适老化改造。以朝阳区为例，2017年共对140户高龄、特困及残疾老年人家庭进行"一户一设计"的免费适老化改造，从建筑硬件、家具家装改造、康复辅助器具适配、智能化助老服务设施配备这四个方面，改善老年人居住环境。2018年，朝阳区继续进行适老化改造，对符合条件的家庭进行评估，使其享受免费改造。到2019年，朝阳区已为1000多户老年人家庭进行适老化改造。2022年丰台区、海淀区也纷纷推出针对本区域老年人家庭适老化改造的政府购买服务。海淀区主要针对高龄老人家庭进行适老化改造，预算为390万元，丰台区则是针对养老家庭照护床位适老化改造，预算为90万元。从部分中标文件可以看出，承担该项政府购买服务的多为中小规模民营企业，市场集中度较低。

从市场主体角度，北京区域尚未出现适老化家庭改造的龙头企业。以北京市属国企金隅集团旗下天坛家具为例，公司于2017年开设首个适老家具设计师品牌——"树胜适老工作室"。2019年成立适老家居事业中心，以"适老化设计为长者打造幸福晚年"为理念，全面布局适老家居市场。天坛家具拥有安馨、安怡、思忆、托斯卡纳、观情、知心等多种系列适老家具，包括多功能衣柜、多功能床头柜、电动护理床、智能床垫等产品，使老年人可以安享高质量的晚年生活。此外，天坛家具也推出智能养老家居空间，将物联技术与适老家具相结合，满足子女可随时监测父母生活的需要，提升适老家具的安全性、专业性、智能化。

互联网巨头开始参与适老家具市场竞争。京东居家联合九牧、四季沐歌、松下康养等行业头部品牌及中国建筑装饰协会适老产业委员会，共同发布京东居家适老战略，旨在输出覆盖"设计—装修—商品"全链路的一体化居家养老空间解决方案。京东居家携手松下发布融合"住空间＋卫浴＋轻厨房＋家居"的全屋关爱解决方案，并与尚品宅配等品牌合作推出适老卫浴套餐、定制化卫浴空间解决方案，产品包括智能马桶、恒温花洒、安全扶手、洗澡椅、感应夜灯、水浸探测器等智能设施的组合。

2. 上海：全面推进居家环境适老化改造

上海的老龄化程度位列一线城市之首。"十四五"时期，上海市计划打造具有中国特色、符合超大城市特点的养老服务制度，保证社区嵌入式养老服务方便可及，机构养老服务更加专业，家庭承担养老功能的支持网络更加健全。通过"居家环境适老化改造"等项目，为家庭养老持续赋能。

分层分类精准化补贴，在全市全面推开适老化改造。从2012年起，上海就开始实施低保困难老年人家庭居室适老化改造项目；2019年年底开始在全市5个区6个街道启动老年人居家环境适老化改造试点，在2020年年底将试点扩大至全市范围内51个街镇，建立了全市统一的工作平台和机制。2021年7月，在全市范围内全面推开适老化改造，其中黄浦、徐汇、静安、长宁、虹口、杨浦、浦东、闵行等区实现街镇全覆盖，其他区根据实际需求和条件有序实施。在改造内容方面，根据老年家庭需求紧迫性不同，分为基础产品服务包、专项产品服务包、个性化产品服务包。基础产品服务包主要为扶手、防滑、紧急呼叫、防灾应急产品；专项产品主要针对上海市老年家庭浴缸进行"浴改淋"服务；个性化产品服务包则是智能家具、健康监测、老旧电气线路改造及全屋适老化改造。其补贴服务具有针对性，为了防止财政补贴寻租行为，单独就房屋局部维修、损坏物件更换、墙壁地砖修补、家电家具配置等物业类、装饰类、代办类服务,均不在适老化改造范围。

"政府补贴一点、企业让利一点、家庭自负一点"降低家庭适老化负担。上海市适老化改造补贴,每户家庭最高补贴额度为3500元,其中产品服务包最高补贴3000元。为了保证财政资金托底性,该项补贴主要针对最低生活保障家庭的老年人,低收入家庭的老年人,年满80周岁且本人月收入低于上年度城镇企业月平均养老金的老年人,其补贴比例分别按实际改造费用的100%、80%、50%进行补贴,另外经上海市老年照护统一需求评估具有二级及以上照护等级的老年人,或经街镇审核认定的无子女、独居、纯老家庭的老年人,按40%补贴。

建立适老改造平台入库服务与产品供应商名单机制,充分吸纳社会供给方。按照上海市民政局的工作部署,已经向全市公开招募两批平台服务供应商与产品供应商,覆盖34家服务供应商和29家产品供应商。进入名单的企业包括国际性公司,例如日本松下和NAKA的上海公司;国内知名家具公司,例如欧普照明;养老医疗服务企业,例如上海天与养老、上海全程玖玖公司;国内国有、民营建筑公司等。在产品和服务质量方面,上海市住建委和市民政局联合发布《上海市既有住宅适老化改造技术导则》,从安全性、功能性、舒适性、前瞻性四个维度,对适老化改造设计、施工与验收等七个方面进行规范。通过政府信用背书的平台进行适老化改造申请,保证产品和服务的公信力,且名单供应商均有适老化产品和服务的经验,专业性更强,质量相对有保证。

申请 — 评估 — 设计 — 施工 — 验收 — 结算 — 售后

图5-1 上海市适老化改造流程

3. 广州：针对特殊困难老年人家庭进行适老化改造

广州市通过多样化政策，将适老化改造纳入社区居家养老服务中。2021年广州民政局、财政局、残联联合发布的《广州市老年人居家适老化改造工作实施方案》，将适老化装修纳入家庭养老床位，残疾人家庭无障碍改造等多项政策补贴中。以家庭养老床位为例，在广州市2021年发布的《关于全面开展家庭养老床位建设和服务工作的通知》中，要展开对家庭养老床位的建设，包括适老化改造、智能化改造和床位实时监测。其中，适老化改造包括对老年人住所的卧室、卫生间、浴室、厨房、客厅等关键位置进行适老化改造，改善老年人的居住环境，营造无障碍空间。

居家适老化改造主要针对低保、低收入、优抚、特困老年家庭。广州市针对居家适老化专项政策明确采取政府资助的方式，优先对纳入分散供养特困人员和最低生活保障家庭、低收入困难家庭范围的高龄、失能、残疾老年人家庭开展居家适老化改造工作，发挥好政府财政托底作用。其改造清单分为基础类和可选类，基础类项目是改造和配置的基本内容，包括防滑处理、高差处理、安装床边护栏（抓杆）、安装扶手、配置淋浴椅、手杖、防走失装置7项。可选类项目是根据老年人家庭意愿，供自主付费购买的改造项目和老年用品。按照老年人家庭情况，将资助对象分为三种类型，不同类型家庭享受1000—3000元/户不等的资助标准。各区可以根据经济情况制定区级补贴，老年人家庭可择高享受，高出本方案资助金额部分由区财政负担。

利用社工组织，扩大居家适老化覆盖范围和服务效率。广州市社工组织发展位于全国前列。从2018年至今，广州社工累计开展适老化改造项目516项，投入资金342万元，带动社会资源累计投入756万元，链接专长志愿者10169人次，惠及长者人数6.3万人，包括1.5万名失能、高龄、独居孤寡、特困等特殊长者。以广州基督教青年会为例，其通过参加公益创投，获得第八届广州市社会组织公益创投的6.4万元资金资助，加上自筹的7万元，携手社区综合养老服务平台、羊城家政基层服务站、石围塘街社区慈善基金和社工服务站，实施石围塘街"安心屋耆"居家适老化改造项目。项目围绕"如厕洗澡安全、室内行走便利、居家环境改善"等方面，为辖区内失能、高龄、独居孤寡、特困等特殊长者家庭免费提供局部功能性的居家适老化改造。并且，在第八届广州市社会组织公益创投项目中，共有5家社工机构获得合计70.8万元的居家适老化改造项目资助，为减少老人居家风险、优化居家养老环境提供有力的启动资金支持。这极大增加了居家适老化服务社会供给。

从区域市场发展角度来看，经济发达城市先行，现阶段仍以政府购买服务市场为主，各地政府通过组合政策将家庭适老化改造纳入居家养老服务体系的一部分。例如，北京的家庭适老化与城市更新政策相结合，广州的家庭适老化与家庭养老床位相结合。由经济发达地区进行产业带动，各地纷纷开始将家庭适老化列入针对困难低收入老年群体的政府购买服务内容之一。通过政府购买服务带动区域市场，扩大市场认知，刚需需求首先被满足，在此过程中，供给方逐渐完善产品和服务体系，进一步从托底低端市场向中高端市场延伸的拓展。

(三) 企业初探市场

企业逐步布局适老化改造市场，以"适老化装修""适老化用品""适老化服务"三种业态为主。

1. 今朝装饰：从老房装修向适老化延伸

从适老化装修体验馆到发布《中国适老装修指南》，持续布局适老化领域。今朝装饰自1999年成立以来，2008年开始布局适老化装修领域，2018年9月联合清华大学建筑学院周燕珉居住建筑设计研究工作室落地适老装修概念，打造了国内首家适老装修体验馆。2019年发布适老装修标准手册，并举办2019中国适老装修发展趋势论坛，正式将适老装修纳入今朝装饰三大核心发展战略。2020年，今朝装饰推出适老化家装非常"6+1"产品。2021年9月，发布《中国适老装修指南》，为专业的适老装修从业者提供权威参考。该公司全方位介入适老化装修领域，提供覆盖从设计到硬装、软装等整个装饰装修链条上的适老化服务。

从老房装修延伸至家庭适老化改造。今朝装饰以老房装修、社区化运营、适老装修为公司的三大核心发展战略。公司从2008年开始专注于老房装修，并围绕老房装修涉足标杆工程、高兴工程、施工工程，服务北京不同房型近15万老房业主。随着老龄化社会加深，公司从老房装修延伸至适老装修，并推出以健康环保、摔滑无忧、去噪静心、科学定制、智慧设计、远程呵护和适老化基础装修的六大产品，打造适老化装修的"6+1"产品体系。今朝装饰在适老化装修领域，重点兼顾安全性与舒适性，从空间设计、居室照明，到开关安装高度、卫生间镜子和扶手，在装修的每一个细节上体现适老化。未来，今朝装饰将瞄向适老装修领域领跑者，将适老装修进行到底。

2. 天坛家具：从家具延伸至适老化领域

成立适老家居事业部，全面布局家庭适老化家具领域。北京金隅天坛家具股份有限公司是北京市属国企金隅集团旗下的核心公司之一，也是目前国内家居行业规模以上企业中唯一一家国有控股企业。公司于2017年开设首个适老家具设计师品牌——"树胜适老工作室"。2020年，天坛家具成立适老家居事业部，对适老家具及适老空间做更深入、更专业的研究和设计。下设适老业务部和树胜适老工作室两个部门，把公司的适老产品研发设计及推广，适老业务的对接和技术支持与服务全部划归到适老家居事业部板块，形成适老业务的闭环。

打造智能养老家居空间，将物联技术与适老家具相结合。2016年，天坛家具推出了智能养老家居空间，提升了老年人家居的档次和质量，也提升了照顾人员的工作效率。2018年，"树胜适老工作室"将研发的智能床垫进行升级，在具有心率、呼吸、体动、离床等功能的同时，还增加了阿尔法的助眠功能，预警身体异常的预警提示功能。通过平台，用手机即可监护老人的心率、离床等指数，出具身体的健康报告和健康风险提示。不同于市场常见的压力传感监测模式，该公司使用的是压力传感、电磁感应和红外感应三种监测相结合的模式，监测数据更加精准。

参与制定行业标准，提升品牌知名度。该公司积极参与养老行业有关适老产品和适老空间标准的制定工作，帮助行业确立规范、标准，助力营造有序的发展和竞争空间。市场是检验品牌的唯一标准，天坛家具具有超强的市场拓展能力。为做好北京的四个服务，公司以京津冀为中心，开展适老业务的市场拓展，借助公司的渠道资源，为代理商和设计合作伙伴提供技术支持。另外"树胜适老工作室"在2019年被评为北京市职工创新工作室。作为技术先锋，公司通过专业的设计开发，参与业界多个活动和比赛，屡屡载誉而归，比如从2017年到2020年都是全国十大适老品牌，2019年荣膺大国养老行业先进单位等，通过专业技术争创行业第一。

3. 永爱医养：从养老用品延伸至适老化服务

打造养老产业科技应用和采购O2O平台。永爱医养一直秉承着"用科技和爱心给老年人提供体面和有质量的生活"的理念，自2012年成立以来，整合了16大产品线，共6000多款产品，为养老机构、康复医院、民政系统和大专院校养老和护理专业提供基于供应链的线上线下智慧养老专业服务。其线上永爱医养商城已积累5万多会员，日流量2.5万人，为线下1100个养老机构及中国个人家庭用户提供适老化用品。

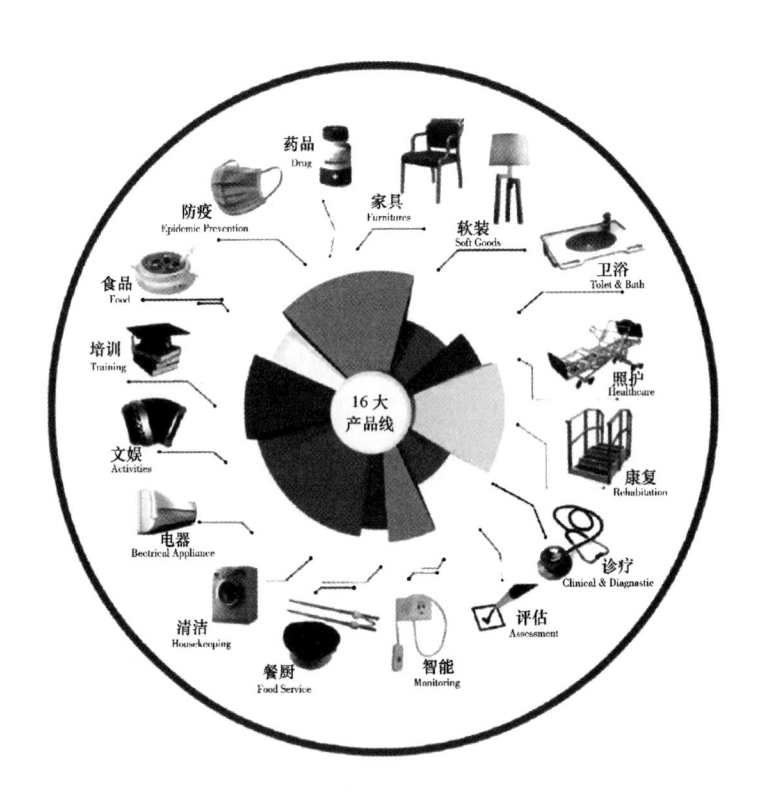

图 5-2　永爱医养产品线

通过参与家庭养老床位建设切入适老化改造市场。永爱医养通过"平台+硬件+运营服务"建设家庭养老床位。主要借助平台及各类终端向老人及家属等提供涉及安全看护、健康管理、生活照料等方面的服务。利用互联网、云计算等技术手段，搭建"智慧养老云服务管理平台"，通过平台有效整合社会资源、政府资源、信息资源。硬件方面，围绕"家庭养老床位"24小时对长者监护，可依托可燃气体传感器、门磁传感器、水浸传感器、烟雾传感器、红外传感器、智能床垫等智慧健康养老产品，提供紧急呼叫、环境监测、行为感知等服务，满足居家老年人享受专业照护服务的需求。系统平台方面，打造"家庭养老床位管理平台",以养老机构为依托,以社区养老服务中心为支点,建立完善的居家养老服务体系;以(智能化入户、适老化入户、专业化服务入户)三入户政策为基础,综合各地相关政策和各方需求,形成软硬一体化的技术平台方案,为有需求的老年人提供应急响应服务。该公司凭借多年的智能养老设计和丰富的适老化改造经验,在全国有多个项目实施落地,基本覆盖了除内蒙古、西藏、甘肃等少数地区外,实现全国大部分地区的项目落地。

4. "美颐享":从传统家电延伸至适老化产品

瞄准居家养老模式,美的推出高科技适老化家居品牌"美颐享"。2021年美的为开发银发专属场景,为老年群体提供专属服务和定制设计,推出适老化家居品牌"美颐享",同时适配全屋适老智能产品,通过AI爸妈云管家链接子女和父母,让老年群体享受到随时随地的智能关怀。该公司通过研发和生产针对银发人群的适老家电产品,形成"自动安全预警,科学养生模式,一键操作界面,亲人远程智联"体系,全面守护老年群体的居家养老生活。

首创热水器、淋浴器、药盒饮水机三大适老家电品类。美颐享优先推出"美颐享热水器""美颐享智慧环浴坐式淋浴器""美颐享智能药盒饮水机"三大产品。美颐享热水器针对老年群体皮肤干燥瘙痒的问题,以舒缓瘙痒健康沐浴的核心科技搭载,针对老年人对皮肤健康和舒适的更高要求。美颐享智慧环浴坐式淋浴器采用防摔设计,确保老年群体安全沐浴,智慧环绕喷浴系统、浴缸体感枕头设计让老年群体沐浴体验更为舒适和安心。美颐享智能药盒饮水机,则更是减轻老年群体服药记忆负担,到点提供温水提醒服药,从生活点滴照顾老年人群体。

智慧养老解决方案,让老人乐享智慧生活。面对如何通过技术切实帮助老人改善老年生活质量,美的集团给出了"硬件+软件+内容+场景"智慧养老全场景解决方案,率先为行业提供了居家养老模式下智慧生活的范本。特别是美颐享正在不断开发老人专属场景,从洗浴、烹饪、居家等多种生活场景着力设计全屋适老智能产品,并提供银发内容社区和升级售后服务,助力老人享受智慧生活。

5. 易享生活:从空间设计到家庭适老化解决方案

北京易享生活健康科技有限公司专注老年友好社区及老年宜居环境的设计、建设、运营,定位是社区养老与健康服务运营商。公司成立以来承接多项国家部委和地方政府适老化改造相关研究课题、专业培训和保障实施工作。帮助房地产、养老、装饰、物业等行业合作伙伴内容赋能,转型升级。进入上万户家庭,为超过3000户老人和家庭进行环境适老化改造和居家养老服务。

为长者居家提供健康全面一体化解决方案。公司对老人的居所进行全面评估,找出存在的安全隐患;同时根据老人的身体机能变化和心理需求,做出具有针对性的居家环境适老化设计,提供定制化服务,为老人居家健康环境改造提供一站式全面解决方案。易享生活为居家养老的长者提供"防跌倒产品"和"适老化改造"两大系列套餐。"适老化改造"套餐分为安全、舒适、智能和健康四大领域,"安全"包括防跌防撞、消除高差、加设扶手等;"舒适"包括舒适卫浴、适老家居、采光照明等;"智能"包括智能家居、双控开关、感应灯光等;"健康"包括环保设计、环保材料等。"防跌倒产品"包括防跌防撞,即在卫生间、走廊等重要位置加装安全扶手,在必要的位置安装防撞保护装置;马桶一字型扶手(折叠扶手、落地扶手、马桶支架);紧急报警,即在厨房安装火灾及燃气感应报警器,在卧室、卫生间和客厅安装室内报警器;老人助浴,包括助浴椅,淋浴扶手;干湿分区,包括L型浴帘+浴杆;地面防滑,包括防滑垫、防滑带;起坐助力,包括马桶扶手、床边扶手、沙发扶手；照明控制，既为方便老人开关灯在卧室门口和床头安装触摸式遥控开关，又为方便老人起夜在卧室、走廊、厨房适当位置安装夜间自动感应灯；适老家具，包括适老桌椅、助力沙发；助行辅具，包括助行、储物、座椅三合一小推车。

以"规划+设计+产品"为核心竞争力的商业模式。该公司通过大量实践，建立了完整的适老服务体系、环境适老化设计施工和管理标准、老年产品供应链、适老人才培养体系。该公司通过十项服务，保证家庭适老化装修服务的专业性。其服务流程包括免费咨询、上门全面评估、适老化改造设计、专业施工、评价追踪、两年质保，保证产品和服务售前售后全方位服务。该公司积极参与家庭适老化政府购买服务，已经开展1万次上门评估，进入300个社区，实现5000个改造方案。

6. 安馨康养：国内率先提出"居家适老化改造是居家社区养老的前提和保障"

安馨康养是从房地产开发建设领域到高端养老机构建设、管理与运营领域，再到适老化服务领域的。安馨的居家适老化改造体系由"介助咨询—介助企划—介助安全—持续关爱"四个部分构成。

介助咨询是根据老年人病理、心理特征与健康状况，按自理能力评定支援介助的分级；结合老人居住空间存在的安全隐患及不适应老人生活起居的弊端，初步给定适老化改造的部品集成与配置建议。

介助企划是根据介助咨询师的信息汇总，定制适老化改造实施方案并负责构建并完善动作与移动系统、如厕与沐浴系统、起居安全与保障系统的部品标准及应用规范。此部分的内容由设于日本的安馨介助企划中心负责。

介助安全侧重施工规范与行为规则的构建、培训以及适老化工程的实施。

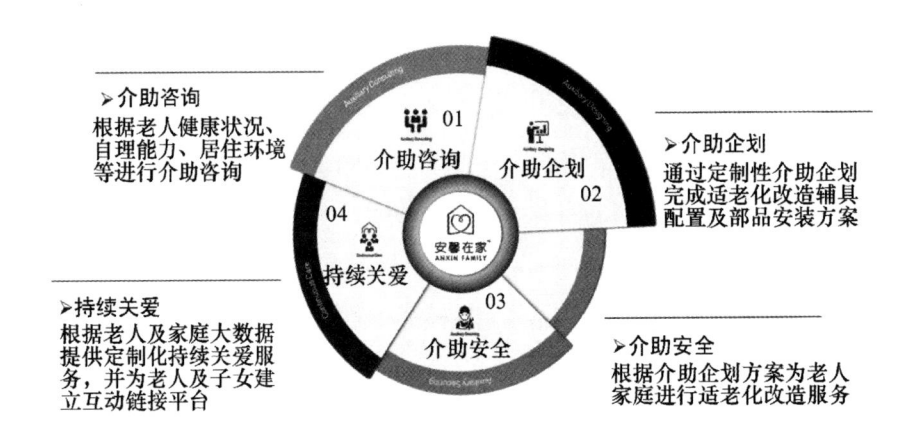

> 介助咨询
根据老人健康状况、自理能力、居住环境等进行介助咨询

> 介助企划
通过定制性介助企划完成适老化改造辅具配置及部品安装方案

> 介助安全
根据介助企划方案为老人家庭进行适老化改造服务

> 持续关爱
根据老人及家庭大数据提供定制化持续关爱服务，并为老人及子女建立互动链接平台

图 5-3 安馨康养的居家适老化改造体系

持续关爱是通过适老化改造，达成安馨对客户的深层了解，使得安馨能够根据老人的生活需求提供持续的养老咨询服务、养老用品、医疗康健服务、社区照顾服务和养老福祉介护服务，从而形成整体化的安馨"居家·社区养老一站式解决平台"。

安馨适老化改造执行的基础依据是基于对老年人的活力程度与自理生活能力的评估分级，即"安馨适老化改造支援分级"。参照医生对症下药方式，针对老人自理生活能力与身体状态综合特征，结合居住空间状况和护理需求，按评估等级配置适老部品和采取对应措施。

安馨适老化支援首先根据老人自理能力的需要分为介助预防和介护支援两大类项。介助预防的目的：通过适老化改造的必要措施，防止自理老人过早进入需要专门照护的状态，保持与延长老人的活力周期。介护支援的目的：通过适老化改造的必要措施，帮助已进入专门照护状态的老人维持与改善残存自理能力，提高其生活质量，减少照护者负担。让照顾与被照顾的人都有尊严。

安馨适老化改造支援分级根据老人自理生活能力的强弱与身体疾障特征，分为四大类别共计八个等级。（见表5-1、表5-2）

表5–1　　　　　　　　　安馨适老化改造支援对象分类表

支援类型	自理型老人	介助型老人	介护型老人	特护型老人
能力描述	日常生活无须他人照顾,不借助辅具基本行为均可独立完成	日常生活部分需要他人协助、指导,已使用辅助行动工具	日常生活已无法自理,需有人提供照护的情况下借助轮椅等辅具行动	日常生活完全依靠他人操持,基本以卧床为主,他人协助下依赖轮椅和转移器行动
图示				

表5–2　　　　　　　　　安馨适老化改造支援分级表

分类	适用对象	分级	能力描述
介助预防	生活行为完全自理或借助辅具基本自理,尚无须他人照护,但身体状况需要采取预防措施规避潜在风险的老人	介助1级 AX1级	日常生活完全自理,不借助辅具基本行为可独立完成,但已处于高龄,身体机能与康复能力下降
		介助2级 AX2级	日常生活可以自理,但基本行为已出现迟缓或行动协调性失序的现象,时有使用辅具
		介助3级 AX3级	日常生活基本自理,但已依赖使用辅具且需要他人指导、协助
介助支援	需要专人照护且需借助专用辅具才能完成生活基本行为,或除意识清醒外,生活基本行为已完全依赖专人护理的老人	介助1级 AX4级	生活不能完全自理,需要在他人照护下才能完成生活基本行为
		介助2级 AX5级	生活不能自理,需要在他人照护下并借助专用辅具才能完成生活基本行为
		介助3级 AX6级	生活不能自理,部分肢体疾障,需要借助轮椅或其他辅助器具并在专人照护下完成部分基本生活行为
		介助4级 AX7级	身体有较严重行动疾障,以卧床为主,只能在专人照护下完成少量的生活基本行为,完全依赖轮椅行动
		介助5级 AX8级	完全卧床并丧失全部基本行为能力,除意识清醒外只能依靠转移器行动并完全依赖专人护理

二 家庭适老化改造痛点分析

本部分所使用的调研数据是委托第三方采集平台,通过线上问卷方式回采,调研对象为夫妻35岁以上有老年人的家庭。回收有效问卷1334份,主要涉及城市为一、二线城市。调研对象中,家庭老年人年龄普遍在60—79岁,占比达到77%,其中,近九成老年人选择居家养老的方式。需要说明的是,本部分数据结论主要基于抽样调查而来,不可避免会存在与现实情况不符的情况,但就趋势而言,我们认为是具有代表性的。

(一) 养老方式选择及偏好

养老方式以居家养老为主,社区养老为依托,机构养老为补充。

1. 居家养老依然是主流模式,适老化改造存在客观条件

当前,中国现行主流的养老方式包括居家养老、社区养老和机构养老等,许多地方将其认定为三个相互独立的养老服务模式,以各自所占百分比来确定本地的养老服务发展规划,比如上海市的"9073"(居家养老占90%、社区养老占7%、机构养老占3%)。[①] 然而,从老人居住方式来划分,养老只有居家养老和机构养老两种方式,社区养老属于机构养老的一种方式而已。中国现行的养老方式,仍以居家养老为主。调研数据显示,超过九成调研对象选择居家养老,其中49.70%表示与老伴同住,29.76%选择与子女同住,13.42%为"一人独居"。在调研对象中,仅有约4.20%选择了机构养老。调研结果再次确认,

---

① 杨翠迎:《社会养老服务体系建设中的政府行为与责任》,中国社会保障30人论坛年会(2014)论文集。

当前中国养老的现状就是以居家养老为主，机构养老为辅。从中国的现实国情和历史文化传统看，这种养老模式在可预见的将来，并不会发生显著变化。因此，在老龄化快速发展的背景下，家庭养老的适老化改造设计，以及社区养老的配套服务需求，在客观上会呈现增加的趋势。

表 5-3　　　　　　　　　老人居住状态调查表

您家中老人的居住状态是：[单选题]

选项	小计	比例（%）
住在养老机构	56	4.20
一人独居	179	13.42
与老伴同住	663	49.70
与子女同住	397	29.76
与其他亲属同住	39	2.92
本题有效填写人次	1334	

此外，调研数据发现，近六成受访对象选择与子女同住在一个城市，25%表示与子女同住在一个社区。从这个调研结果中可以发现，其一，多数受访对象并未选择与子女同住，而是分开居住。这就意味着，居家养老并不等同于"与子女同住一个屋檐下"。在城市生活的老年群体，普遍能够做到经济独立，同时因为生活习惯等问题，他们更愿意选择与子女分开居住。对于这部分有经济实力的老年群体，他们本身的消费能力和消费需求依然是存在的。在住房消费方面，这也为匹配老年群体的生活及功能需求，进行适老化改造提供了客观条件。

2. 养老供需错配，社区养老供给不足

"如果条件允许，您更希望在何处养老？"对于这个问题，

44.62%的受访对象表示依然选择社区养老,31.53%表示希望选择专业养老公寓,22.77%表示希望选择敬老院等专业养老机构。对于这个问题的回答,反映出了当前养老客群现实与理想之间依然存在着"剪刀差"。问题的核心在于,养老市场存在比较明显的供给需求失衡问题。供给端方面,高端养老机构存在供给过剩问题,常为寻找不到目标客源而苦恼。需求端方面,普通老年家庭支付不起动辄上万的养老费用,而社区养老机构因为性价比较高而存在严重的供给不足问题。这就出现了一个现象,一个社区养老机构往往要排上几年才有可能入住,而高端养老机构床位长年空缺。

表5-4 老人养老方式意向调查表

如果条件允许,您更希望在何处养老?[单选题]

选项	小计	比例(%)
专业养老公寓	205	31.53
敬老院等专业养老机构	148	22.77
普通居民小区	290	44.62
其他	7	1.08
本题有效填写人次	650	

纯粹的机构养老如果不和存在广大需求的居家老人形成链接,就必然会陷入两种尴尬境地。其一,高收费,仅能满足少数高端老人的养老需求;其二,低收费,仅能满足少数老人甚至关系户家庭的养老需求。这样的养老机构显然不具备社会性,不能满足逐年增长的社会养老服务需求。

3. 理想的养老模式——一碗汤的距离

调研结果显示,50.62%的受访对象更希望与子女同住在一个社区,36.15%表示更希望与子女同住在一个城市。这与现实的调研结果存在一定差距,尤其是"与子女同住在一个社区"方面。

表 5-5　　　　　　　　　养老地方意愿调查表

如果条件允许，您更希望在何地养老？［单选题］

选项	小计	比例（%）
住在子女家中	67	10.31
与子女同住在一个社区	329	50.62
与子女同住在一个城市	235	36.15
与子女住在不同城市	19	2.92
本题有效填写人次	650	

这就反映了老年群体的一个共性需求，希望能够住在子女附近，但又不需要住在同一个屋檐之下，即"一碗汤的距离"。现实生活中，老年群体因为生活习惯、家庭成员关系等，主观上更愿意选择独自居住，但由于生活及情感关怀等方面原因，客观上又离不开子女的照顾。因此，一碗汤的距离，就成了多数老年群体理想的生活模式。

表 5-6　　　　　　　　　养老和子女距离调查表

您的子女目前与您：_____ ［单选题］

选项	小计	比例（%）
（有子女）同住一个社区	87	17.37
（有子女）同在一个城市	329	58.88
（有子女）不在一个城市	112	22.36
无子女	7	1.39
本题有效填写人次	535	

（二）居住环境及需求

1. 养老生活痛点分析：就医不便、便民设施少成为首要问题

居家及社区养老生活中，老年群体在养老生活中主要存在哪些问题？调研发现，48.19%的受访者表示就医不方便，45.06%

表示日常生活中缺少便民设施，40.93%表示缺少日常陪伴。就医难问题在老年群体中尤其突出，反映在调研结果上，也符合客观事实。然而，这个问题的解决方法却是一个系统性的工程。目前，中国医疗资源短缺问题依然严重，尤其是在基础医疗资源方面，一线城市尚不能实现100%社区医疗资源全覆盖。以北京为例，近八成小区老年人步行15分钟可达医养配套服务设施，[①] 对于其他低能级城市，这一比例只会更低。因此，养老就医问题的解决，并非一蹴而就的事情。

表5-7 养老生活痛点调查表

您（家中老人）养老生活中存在哪些问题？（多选，不超3项）[多选题]

选项	小计	比例（%）
没有困难	112	5.65
便民设施少	894	45.06
就医不方便	956	48.19
人车混行	754	38
无人照料	653	32.91
缺少陪伴	812	40.93
活动空间不足	418	21.07
绿化面积不足	175	8.82
本题有效填写人次	1984	

在便民设施覆盖方面，这里主要指的是老年服务设施、无障碍设施及电梯加装等。一个现实的情况是，老年人多数生活

---

① 贝壳研究院：《"分钟城"之北京15分钟养老服务圈：近8成小区可达医养服务设施》（https：//research.ke.com/121/ArticleDetail？id＝456）。

在老旧小区中，解决问题的办法就是依靠政府主导、市场参与的老旧小区改造工程。随着老旧小区改造工程的推进，这方面的问题正在逐步得到解决。2022年，中国要基本形成城镇老旧小区改造框架、政策体系和工作体制。

在情感生活方面，老年人面临的主要问题就是缺少陪伴。这也从侧面解释了"一碗汤距离"养老模式的合理性。

2. 老年群体最需要的老龄服务项目：紧急呼叫及走失定位

在日常生活中，老年群体最关注哪些照料服务？调研数据显示，67.74%的受访客群表示，最关注的老龄服务项目是紧急呼叫。其次，60.74%表示，最关注的是走失定位服务。并且这两个服务项目的占比，要远高于其他，这充分说明了老年家庭需求的迫切性。

近年来，中国"空巢"老人家庭比例显著增加，特别是城市城区，49.7%的老人独自居住，老年人日常生活需要全护理和照料的比例已上升至9.3%。[1] 众所周知，老年群体属于典型的意外高发群体，当家庭成员无法做到长期陪护照料时，出现突发情况的概率就会增加。老年人紧急呼叫器，就成了此类老年群体的救命稻草。老年人一旦面临突发疾病、遭遇险情等"紧急情况"，就会触发紧急呼叫功能，可以与120急救中心、社区呼救管理中心等取得联系，从而获得救助。

对于存在认知障碍的老年家庭而言，最大的痛点之一就是老年人走失问题。相关调查显示，中国走失老人一年约有50万人，平均每天走失老人约为1370人。其中，走失老人中72%有记忆障碍情况，25%确认为阿尔兹海默症。[2] 除了药物干预外，智能手环、智能腕表等智慧养老设备的应用，可以有效解决老年人走失的问题。

---

[1] 中国老龄科研中心：《中国城乡老年人口状况追踪调查》。
[2] 中民社会救助研究院：《中国老年人走失状况白皮书》。

除了"紧急呼叫"和"走失定位"外,"陪同出行"(47.33%)、"室内维修"(43.60%)及"送餐服务"(42.89%)等,也是老年群体重点关注的老龄服务项目。

表 5-8　　老龄服务需求调查表

您觉得老人需要哪些服务项目?(多选,不超 5 项)[多选题]

选项	小计	比例(%)
保洁维护	818	41.23
室内维修	865	43.60
紧急呼叫	1344	67.74
走失定位	105	60.74
送餐服务	851	42.89
陪同出行	939	47.33
聊天陪伴	663	33.42
其他 [详细]	3	0.15
本题有效填写人次	1984	

3. 老年客群最需要的医疗服务:健康监测及送医拿药

从生物学角度看,衰老就是各种分子和细胞损伤随时间逐步积累的结果,这是一个不可逆的自然过程,直接结果就是身心能力的逐渐下降,患病及死亡的风险日益增加。生理上的变化,导致的结果就是对医疗服务的需求会逐渐增加。在众多医疗服务项目中,老年群体最关注的是健康监测(58.92%)、送医拿药(47.78%)及家庭医生(46.42%)。当前,老年群体常见疾病包括高血压、糖尿病、慢性呼吸道疾病、中风及心血管疾病等,其中多数属于慢性疾病。因此,日常健康监测就尤为必要。除此之外,对于存在功能障碍的老年群体而言,送医拿药和家庭看护,可以有效缓解他们的就医痛点。

表 5-9　　　　　　　　　老年人医疗服务需求调查表

您觉得应该为老年人提供哪些医疗服务？（多选，不超 3 项）［多选题］

选项	小计	比例（%）
家庭医生	921	46.42
送医拿药	946	47.78
康复训练	817	41.18
健康监测	1169	58.92
健康咨询	715	36.04
定期体检或保健	761	38.36
其他［详细］	3	0.15
本题有效填写人次	1984	

（三）适老化改造——不同生活场景痛点

1. 社区周边服务设施需求

社区作为居民生活的最小单元，承担着衣食住行等最基本功能，同时需要满足不同年龄阶层的日常所需。相对于青年群体，"一老一小"在社区活动的时间相对更长。因此，社区配套要充分考虑到老年群体的日常健身及活动需求。那么，老年群体在社区内主要从事哪些活动？调研结果显示，将近70%的受访者表示，"散步或户外锻炼"成为最主要的日常活动，除此之外，聊天、买菜及打牌下棋等也是主要选择。与此相对应的是，参加培训、参加志愿者活动等占比相对较低。一方面，有可能是老年群体主观上并不存在相关需求；另一方面，有可能是客观上社区相关的配备资源不足。因为相较于日常锻炼和散步等，后者需要的投入显然更高，不仅要规划并投建相关场所，还要定期维护。对于物业服务配套跟不上的社区而言，显然是不现实的。

表 5-10　　　　　　　　　　老人活动调查表

您（家中老人）在社区内或附近经常从事的活动有？（多选，不超 3 项）[多选题]

选项	小计	比例（%）
打牌下棋	682	34.38
遛狗遛鸟等	620	31.25
散步或户外锻炼	1381	69.61
坐着聊天	928	46.77
买菜等购物行为	881	44.41
去老年活动室读书、运动等	385	19.41
志愿者活动或慈善活动	189	9.53
参加老年教育课程培训	76	3.83
其他 [详细]	7	0.35
本题有效填写人次	1984	

2. "无障碍"是居住环境适老化改造的基础

从供给角度考虑，当前社区主要提供了哪些场所或服务设施？调研结果发现，公园/广场、运动健身场地及老年活动室成为主要供给，占比分别达到了 63.66%、57.56% 和 49.55%。对于前两种服务配套，从结果看，是比较匹配老年群体的现实需求的，公园及运动场地，为老年群体提供了散步、健身及聊天的空间。但是，老年活动室存在一定的错配问题。调研发现，仅有 19.4% 的老年群体表示，有去老年活动室读书及运动的需求。有可能的原因是，其一，老年群体更希望室外的活动环境；其二，老年活动中心提供的活动项目，对老年群体的吸引力不足。

表 5-11　　社区及周边活动场所和设施调查表

您（家中老人）在社区内或附近经常从事的活动有？[多选题]

选项	小计	比例（%）
休息座椅	983	49.55
老年活动室	985	49.65
运动健身场地	1142	57.56
公园/广场	1263	63.66
图书馆/书报阅览室	569	28.68
老年大学	237	11.95
其他[详细]	6	0.30
本题有效填写人次	1984	

居住环境的优劣直接影响到老年人居住生活体验，社区为老年群体提供养老服务，不仅可以为老年群体提供生活便利，同时也是人文关怀的重要体现。对于老年群体而言，他们在居住环境方面，迫切需要的有哪些适老化改造项目？调研发现，近六成需要社区居家养老服务设施，45.56%表示需要无障碍设施。

所谓的"社区居家养老服务设施"是指在城市社区建立养老护理服务中心，老年人仍然居住在自己家中，享受服务中心提供的营养和医疗护理及心理咨询，并由服务中心派出经过训练的养老护理员工按照约定时间上门为居家老人提供定制服务。①

社区居家养老模式中，社区作为平台和纽带，可以将家庭和机构有机衔接起来。对于老年群体而言，他们居住在家庭和熟悉的社区环境中，因而更能符合他们的意愿。

---

① 《代表委员建言应对人口老龄化：全力推动养老服务高质量发展》，《法制日报》2022年3月8日。

表 5-12　　　　居住环境适老化改造问题调查表

居住环境的适老化改造，您觉得迫切需要解决哪些问题？（多选，不超3项）[多选题]

选项	小计	比例（%）
室内公共区域修缮	458	23.08
无障碍设施	904	45.56
老年人服务设施	1181	59.53
多层住宅楼梯改造或加装电梯	878	44.25
公共设施不足或缺少维护	806	40.63
社区公共空间不足	558	28.13
社区景观单调	187	9.43
其他[详细]	4	0.2
本题有效填写人次	1984	

2012—2020年，中央财政累计投入217亿元支持养老服务设施建设，截至2020年年底，中国已经建成了29.1万家居家养老服务机构。[1] 在老龄化迅速加快的背景下，从需求端看，到2035年，中国60周岁以上人口将达到4亿，几乎每4个人中就有1个老人，因此，居家养老服务设施的需求仍将长期保持持续增长态势。

此外，"无障碍设施"服务也是老年群体的迫切需要。适老无障碍环境建设是一项长期持续的过程，物质环境、信息环境和服务的系统衔接至关重要，因为这直接决定了能否实现所有人机会平等、自由体面便捷地参与社会生活。[2] 当前，中国社区无障碍设施改造主要包括居住区缘石坡道、轮椅坡道、人行通道，以及建筑公共出入口、公共走道、地面、楼梯、电梯候梯

---

[1] 《十年来，社会保障、养老服务、健康支撑三大体系加快完善老年友好型社会建设稳步推进》，《人民日报》2022年9月22日。

[2] 《无障碍与适老化——同向同行的未来》，《中国青年杂志》2022年8月8日。

厅等设施和部位。目前无障碍改造基本还是由政府引领，公共部门来推动，但是普遍缺乏个体意识。结果就是，无障碍设施在政府触及不到的公共场所的普及效果依然不明显。这就需要树立起个体的责任意识，认识到无障碍代表的是一个基本权利。此外针对残障人士的无障碍设施与适老无障碍设施在认知上也存在混淆，对于老年人特征性需求关注不足。

3. "安全性"是居住空间适老化改造痛点

居住空间的适老化设计初衷是希望将其改造成适合老年群体的居住环境，相对于普通住宅而言，更加关注老年人的生理和心理需求。随着年龄增长，老年群体会面临生理机能的减退，如免疫力下降、行动迟缓、视觉及听觉障碍等问题。同时，随着生理变化，有可能会引起消极心态的生成，老年群体更容易感受到孤独、悲观，需要更多的关怀与照顾。因此，居住空间的适老化改造，理应关注老年人的生理及心理需求变化。

在设计改造过程中，要坚持合理的设计原则，比如无障碍原则、安全性原则、人体工程学原则、实用性原则等。比如考虑到出行便捷性问题，中低层老旧小区应当加装电梯，以及在单元楼道出口进行无障碍通道设计。调查显示，考虑到出行便捷性，老年群体的理想居住楼层以2—3层居多，占比超过了50%，其次是底层，占比约为26%。

表5–13　　　　　　　　　老年人理想居住楼层调查表

您觉得老年人理想的居住楼层是？[单选题]

选项	小计	比例（%）
底层	515	25.96
2—3层	1065	53.68
4—6层	308	15.52
7—10层	77	3.88
11层及以上	19	0.96
本题有效填写人次	1984	

在改造时,要充分考虑到老年群体的现实需求。调研结果显示,47.08%的受访者表示缺少必要的扶手,46.52%表示地面过于光滑容易摔倒,42.84%表示缺少必要的呼叫应急装置等,诸如此类细节且重要的问题,都应在设计过程中予以关注。同时,随着年龄增长,老年群体会经历一个从生活自理到半失能,甚至是全失能过程的转变,这就要求空间结构要随之发生改变。

表 5-14 老人居住空间存在的问题调查表

您(家中老人)现在居住的室内空间主要存在哪些问题?(多选,不超 5 项)[多选题]

选项	小计	比例(%)
没有什么问题,挺好的	163	8.22
地面不平坦或有门槛	684	34.48
地面过于光滑容易摔倒	923	46.52
室内日照通风不好	638	32.16
缺少必要的扶手	934	47.08
厕所或浴室不方便	871	43.9
没有呼叫或报警装置	850	42.84
房屋面积小,居住狭窄	344	17.34
噪声太大	191	9.63
其他[详细]	2	0.1

其一,老年群体普遍存在睡眠障碍,因此对睡眠质量有更高的要求,在设计中就要考虑到降噪问题。其二,部分老年群体会选择分床而居,就需要改变原有的卧室结构。其三,需要增设功能性辅助设备,比如扶手、夜间照明灯。其四,要关注防滑设计。根据美国疾病控制和预防中心数据,全美每年约有 3600 万 65 岁以上老年人跌倒,并成为这一群体受伤和死亡的主要原因。另外,根据中国发布的《老年人防跌倒联合提示》,跌倒已成为中

国 65 岁以上老年人伤害和死亡的首位原因。① 因此，在居住空间改造时，要充分考虑到地面的防滑因素和出入门的门槛问题。其五，卫生间要进行功能改造。老年人生理机能不允许使用蹲便，应当考虑到现实情况，更换成坐便，同时加装扶手。卫浴间地面要铺设防滑垫，地面和其余空间不要有高度差，防止在抬脚过程中磕绊。老年人易出现"老缩"、驼背等现象。因此，洗漱台高度应根据老年人人体尺度适当降低。其六，要充分考虑到卫生间的通风情况，以免出现因氧气缺少而发生昏迷的情况。

表 5-15 老人室内居住空间应配置的安全设施调查表

您觉得老年人室内居住空间应配置的安全设施主要有哪些？（多选，不超 3 项）[多选题]

选项	小计	比例（%）
室内扶手	837	42.19
室内防滑地面	1449	73.03
紧急呼救系统	1365	68.8
电子防火装置	517	26.06
煤气泄漏报警系统	656	33.06
防盗门	297	14.97
漏电保护装置	211	10.64
其他[详细]	3	0.15
本题有效填写人次	1984	

三 家庭适老化改造的现状与挑战

（一）以政府购买为主，市场化程度不高

截至 2021 年年底，中国 60 岁以上老年人口达 2.67 亿，占

---

① 中国老年学和老年医学学会老龄传播分会，中国疾控中心国家卫健委北京老年医学研究所等：《老年人防跌倒联合提示》2019 年 6 月 11 日。

总人口的18.9%。据测算，预计"十四五"时期，中国60岁以上老年人口总量将突破3亿，占比将超过20%，中国将进入中度老龄化阶段。至2035年，中国60岁以上老年人口将突破4亿，比重超过30%，中国将进入重度老龄化阶段。并且，在中国传统儒家观念影响下，居家养老仍将是中国最主要的养老方式。中国目前推行的养老模式主要为"9073"模式①。与之相对应的是，当前国内对适老化改造，特别是家庭适老化改造的认知尚低，大多数公众甚至将适老化改造视为普通的"家庭装修工程"。在有关"为何没有给老人做适老改造？"问题的调查中，33%的受访者表示不知道去哪里做适老化改造，27%表示不懂什么叫适老化改造，26%表示跟老人提过，但被拒绝了。

行业认知度偏低带来的直接结果就是，消费者不愿意买账及政策难以落地等问题，一定程度上制约了家庭适老化改造行业的发展。

就市场规模而言，按照中国2.67亿老年人口粗略测算，假设每两个老人属于一个家庭，那就有1.335亿个家庭。按照"9073"比例和60%家庭有改造需求保守估计，那么全国就有7209万套房屋需要进行改造。如果按照每套6000元作为改造均值，那么中国2021年的家庭适老化改造产业规模就达到了4325亿元。随着老龄化人口增加，这一数字在2035年，保守估计会超过6480亿元。

但是，从采购方式来看，中国的家庭适老化改造目前仍以政府购买为主，居民家庭自费购买比例相对较少。按照市场发展规律，政府购买服务的份额与居民家庭自费的份额比例应当是1∶9或者2∶8，但目前这一比例还处于"倒挂"阶段。根据我们的调研发现，目前"蛋糕大"，市场化程度不高的主要原因

---

① "9073"模式："90"指90%老人居家养老；"7"指7%老人社区养老；"3"指3%老人到养老机构养老。

之一就是，老年人为提高生活品质的支付意愿和支付能力不强，同时，有支付能力的子女，普遍更关注子女教育，而对老年人适老化改造必要性的认知程度不高。

总体而言，当前中国适老化改造产业规模巨大，但社会对适老化改造的必要性和重视程度不高，导致市场仍以政府购买为主。

（二）需求方和支付方错配，覆盖范围有待提升

家庭适老化改造的目标对象就是60岁以上的失能、半失能老年人，以及70岁以上的老年人家庭。从需求方角度看，适老化改造的目标受众是比较明确的。但现实的问题是，一方面，中国老年人在居住方面的支付意愿普遍不高。从消费结构看，老年人食品消费占比最高，其次是医疗保健支出，再次是人情往来方面的支出，而居住消费要低于前三种消费类型。① 另一方面，老年人的支付能力依然偏低。2020年，城乡老年人人均消费支出为16307元，而同期全国城乡人均消费支出21210元。即便如此，调查显示，约63%的受访老人表示，依然需要子女补贴。因此，在没有政府补贴的前提下，老年人自费进行适老化改造的积极性和动力并不高。

在这样的背景下，子女就成为主要的支付主体，但现实情况是，子女主动支付的现象依旧不明显。最主要的原因之一就是家庭适老化改造的市场化程度不高，导致子女并不了解。

总体而言，家庭适老化改造的一个问题就是，作为目标受众的老年人支付改造的意愿和能力并不高，而有支付能力的子女又缺乏对市场的了解，从而导致了需求方和支付方的错配现象。

---

① 陈茗、刘素青：《老年人消费类型分析——二、三线城市个案研究》，《老龄科学研究》2015年第1期。

除此之外，目前推行的家庭适老化改造主要是由政府托底，根据要求，"十四五"时期，全国要支持200万户特殊困难高龄、失能、残疾老年人家庭实施适老化改造。但是，中国2020年60岁以上老人的失能人口就已达到了2628万。① 因此，仅依靠政府的兜底改造，远不能覆盖当前的适老化改造需求。

（三）市场供给较为单一，功能性和舒适性不足

从改造内容看，适老化改造主要包括硬件设施环境改造、康复辅助器具适配及智能安全监控设备的安装等。但是，目前中国适老产品供给和服务还很不足，市场机制尚不健全。特别是科技适老化产品数量和种类较少，尚未完全覆盖老年人的所有应用，产品供需对接不畅，专门服务老年人的适老化市场还未形成。

从消费端看，当前中国适老化产品同质化严重。中国新生代老年消费者拥有截然不同的消费理念。面对快速的社会变迁和老年群体内部的多元消费观念，应当采取差异化的视角看待老年消费者，避免将老年消费者边缘化、同质化。

从供给端看，目前中国的适老化改造是由政府主导、社会组织运营，市场的参与度仍然偏低。政府提供的产品服务主要是以兜底或普惠保障为主的标准化产品，导致的结果就是产品的功能性和舒适性方面存在不足。

（四）市场标准尚未形成，安全性难保证

中国从20世纪90年代开始探讨老龄化问题，2012年12月修订的《老年人权益保障法》正式明确提出了"国家推动老年宜居社区建设，引导、支持老年宜居住宅的开发、推动和扶持老

---

① 曹信邦：《中国失能老人长期照护多元主体融合研究》，社会科学文献出版社2020年版。

年人家庭无障碍改造，为老年人创造无障碍居住环境"的要求。

目前，国内在既有住宅适老化改造实践上，开展的项目并不全面。只有北京、上海等能级较高城市和地区，通过政府出资或政府与社会组织合作出资的方式，针对经济困难、"空巢"的极少数老年人家庭进行适老化改造。因此，目前尚未在政策层面上形成适老化改造的统一市场标准。统一标准的缺失就导致改造的评估与安全性方面存在不确定性。

四　家庭适老化改造的未来趋势

(一) 市场空间巨大，支付端打通是关键

居家养老是大多数老年人的选择，家庭适老化是提供居家养老硬件环境的重要举措之一。随着中国老龄化社会进程的加快，老年人口逐渐增长，增量市场不断扩大，为家庭适老化提供广阔的市场空间。但不可否认的是，现阶段家庭适老化市场尚未打开，一方面由于社会认知有限，另一方面则是支付端尚未完全打通。从国际经验来看，日本的家庭适老化市场打开是在该项费用被纳入长护险补贴范围后；德国、荷兰等欧洲国家也是护理保险将该项费用覆盖后，市场才形成爆发式发展。中国长期护理保险目前仍处于城市试点阶段，全国尚未铺开。同时，中国长护保险目前仅覆盖上门护理服务，涉及提升家庭养老能力的适老化改造、康复辅具租赁等内容尚未纳入保险范围。按照发达国家的经验，随着长护险制度的铺开和补贴范围的扩大，将为家庭适老化改造带来巨大的市场空间。

家庭适老化改造支付端未来要面向老年家庭，包括老年人支付和子女支付。现阶段适老化改造市场端主要针对老年群体，嵌入在房屋装修服务中。但作为老年群体非刚性需求，只是作为装修的可选项之一，付费意愿相比医疗等刚性服务较低。因此，未来家庭适老化改造的付费端需进一步扩大，除挖掘老年

群体需求外,还要探索子女的"孝心经济",紧抓子女不在身边,关注父母居家安全的需求,在营销渠道、市场宣传、客群对象方面,从老年客群到其子女,覆盖整个老年家庭。

另外,考虑到老年群体年龄结构化差异和由此带来的对家庭适老化改造的心理需求变化,可采用渐进式、隐蔽式的改造原则,并且融入智能家居应用,在不改变房屋既有格局,或者满足子女家庭装修的前提下,融入适老化改造理念。这样,一方面可以满足老年人的潜在需求,另一方面也可减少改造阻力,更有利于打通支付端。随着老年群体年龄增长和生理机能变化,在既有改造的基础上,再有针对性地进行更新升级。

(二)政府培育市场,多方参与竞争

现阶段家庭适老化改造以政府购买服务为主。按照发达国家发展经验,中国未来的改造项目会逐渐面向市场,形成"市场化购买为主,政府服务为辅"的机制。政府作为市场的引导者和监督者,参与家庭适老化改造主要是履行社会保障职能,以较为经济的方式覆盖最广大的托底老年群体为目标。随着老龄化率加深,家庭购买意愿会逐步形成,中国将会迎来广大的C端市场客群。届时,就会形成"构建政府引导,市场主导"的产业体系。普惠保障市场以政府购买为主,中高端生活品质提升市场将由市场主导,形成梯次化、差异化的市场需求。需求决定供给,多样化需求会催生多层次供给。

未来市场形成后,会出现区域供给龙头,带动当地产业发展。在以政府购买为主的市场环境中,目前市场供给较为分散,尚未出现市场化运作的区域龙头。从各地产业实践来看,由于各地经济、风俗及地缘环境导致老年人生活习惯不尽相同,对于家庭适老化改造存在普遍需求的同时,必然会存在差异化需求。以上海为例,适老化改装核心需求之一是"浴改淋",源于这些老年人年轻时的安装浴缸装修潮流,但之后形成种种不便。

因此，市场供给会向区域集中，首先出现聚焦于单个城市的家庭适老化改造龙头，之后带动周边市场，逐渐向全国扩张布局。

（三）科技化、物联网的应用是趋势

科技是推动产业创新的重要力量之一。随着智能家居的普及，智能化技术将重新构建家庭适老化市场。居家安全、舒适安老是家庭适老化面对的核心诉求。除基础硬件环境改造外，智能健康居家设备能防范老年人居家风险的发生。以睡眠监测为例，通过智能化床垫/床带，对老年人睡眠中心肺功能进行监测，出现健康异常情况及时报警，预警潜在睡眠风险，防范在睡眠过程中出现突发情况。但是，该类产品和服务，目前仍难以纳入政府购买服务范围，大概率会成为未来市场化供给的一部分。

物联网技术的应用是家庭适老化未来发展方向之一。通过智能识别、精准定位、远程操作、实时监控、在线管理等方式，为老年群体塑造健康安全舒适便利的生活环境。生活安全方面，有智能安防，通过摄像头、感应设备等加强居家安全；生活便利方面，有智能门锁、智能药盒、智能照明、智能玄关、智能家电等，增加老年人日常居家生活的便利性；生活健康方面，有智能穿戴等，通过手环/手表的佩戴，对老年群体每天的健康情况、运动环境、睡眠质量等进行实时监测，有数据异常及时警示，防范突发疾病风险。

（四）标准规范市场，专业化服务是核心

家庭适老化涉及老年人群居家安全，随着全球老龄化趋势日趋明显，未来大概率会出现该领域的国家标准。现阶段而言，家庭适老化产品种类和型号较多，标准不同，导致老年群体难以在多种多样的产品中选择适合自己身体情况和居室特点的产品，对购买产品造成困难。从国家层面推动的标准，将进一步

提升市场规范性，有利于适老化改造行业形成统一标准，降低购买难度和门槛。国内标准的统一，有利于进一步推动产业国际化发展。国内标准的建立，一方面要借鉴协会、供给方已经形成的标准；另一方面可学习和借鉴适老化改造发展成熟的发达国家标准，有利于推动产品进出口，进一步提升中国在适老化家装领域的国际影响力。

"产品+服务"是未来家庭适老化改造的商业模式之一。标准化产品是基础，但每个老年家庭居住环境、居住习惯、身体情况不同，家庭适老化改造需要针对每个老年家庭不同情况进行产品的适配，这对家庭适老化服务提出了要求。仅提供产品，难以满足每个老年家庭的差异化需求，导致产品购置后安装、售后出现问题，因此需要搭建服务团队，从上门评估、产品选择、适老化改造设计、配装工程到售后服务，一整套的服务流程，才能保证适老化产品的适用性。因此，"产品+服务"是未来家庭适老化改造的必然之路。

第六章 年轻人的理想家：青年家居生活趋势洞察

家意味着什么？有人认为家是休息的地方，帮助自己从疲惫中恢复；有人认为家是内心世界的外在表现，容纳自己的爱好、学习、社交；有人认为家是共同情绪，承载着自己和家人的生活和回忆。对大多数人来说，家既是一个物理空间，满足我们生活的需要，也是一个情感空间，用来盛放自我、连接家人。为了更深入地理解年轻人眼里的"家"，本章对此展开讨论，希望通过对"理想家"的探讨理解新一代年轻人，并帮助他们更好地过上理想生活。

一 打造理想家，年轻人有五大期待，六大关键词

（一）年轻人的五大期待

对于年轻人而言，家到底意味着什么？对此，受访客户给出了不尽相同的答案。

家，是我的工作室，也是我的居住空间；

家，是能够提供生活所需的地方；

家，是个能够让我远离工作又可以随时工作的地方；

家，是自我的延伸，一个完全可以按自己喜好支配的作品，生活舒适的保障；

家，是唯一一个具有主动权的、自己完全被接纳的空间；

家，有家人的地方才算是家；

家，是一个可以在某个城市创造无限可能的地方；

家，可以让我洗掉今天的疲惫，给明天力量；

家，总是能够存放感情；

家，是忙碌的工作结束后可以恢复精力的地方，自己独处也能觉得舒适惬意的地方。

尽管年轻人对家有着不同理解，但总结发现，年轻人对家大致有五个期待：

其一，多元功能，家要有各种功能，"我"想做的家里都有；

其二，方便生活，好的生活不要太复杂，更不要劳累；

其三，容纳可能，未来无限可能，更厌恶一成不变；

其四，安放自我，家要能让我开心、治愈、展现；

其五，塑造关系，伴侣、家人、宠物，每个 ta 都需要被重视。

(二) 年轻人的六大关键词

基于年轻人对理想家的期待，可以总结出他们面对居家生活的六大关键词。

1. 别浪费：小空间要容纳"大"生活

后疫情时代，居家时间变长，回到生活的人们希望家能够承载更多的功能。其实，再小的房子，也可以创造出更大的空间，关键就在于要进行一些深思熟虑的规划，从而在存储空间设计上做出合理的选择。比如榻榻米式的阳台设计和设计合理的家政收纳柜，还要不放过任何一个可利用的墙面进行收纳，对各类物品进行分区分类分场景的有序收纳。除此之外，生活中尽量避免积攒太多多余的东西。对于年轻人而言，这更像是一种生活态度。设计师可以凭借专业知识帮助客户解决空间利用的问题，但青年人也不得不养成相对"挑剔"的生活习惯，对于那些不必需的东西，需要三思而后行。

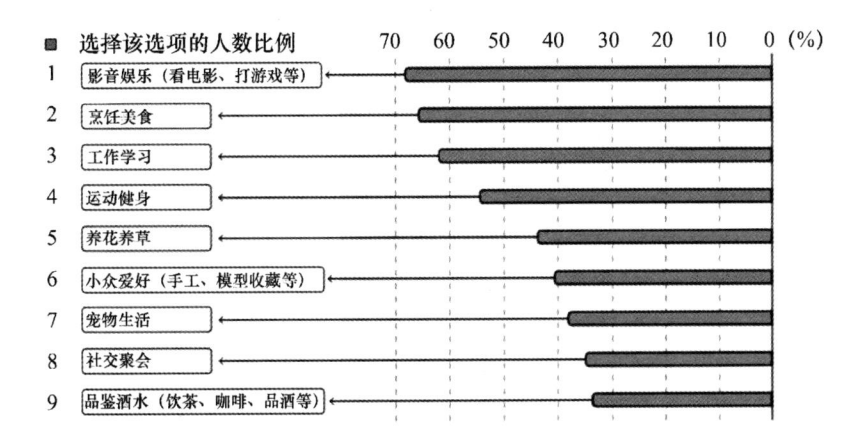

```
  选择该选项的人数比例    70  60  50  40  30  20  10  0 (%)
1 影音娱乐（看电影、打游戏等）
2 烹饪美食
3 工作学习
4 运动健身
5 养花养草
6 小众爱好（手工、模型收藏等）
7 宠物生活
8 社交聚会
9 品鉴酒水（饮茶、咖啡、品酒等）
```

图 6-1　关于"你希望在家为哪些活动创造空间？"的调查

注：数据统计时间截至 2022 年 8 月 2 日。

资料来源：DT 财经调研（有效样本为 1905 份）。

2. 精致懒：省出时间去享受生活

美好生活的第一步：减少家务负担。正如喊出"做饭可以，洗碗不行"口号的年轻人，受访者虽然希望靠自己搭建美好生活，但不想做脏活、累活，也不想处理家务琐事，更愿意将精力花在自己感兴趣的事情上。

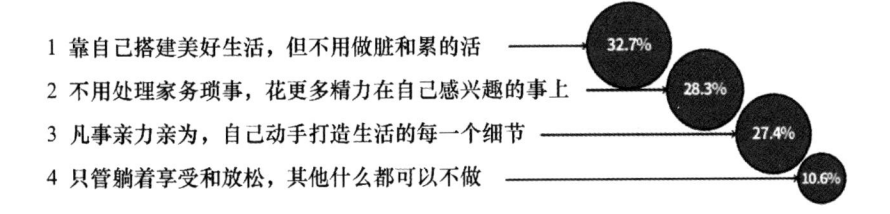

1 靠自己搭建美好生活，但不用做脏和累的活　　32.7%
2 不用处理家务琐事，花更多精力在自己感兴趣的事上　　28.3%
3 凡事亲力亲为，自己动手打造生活的每一个细节　　27.4%
4 只管躺着享受和放松，其他什么都可以不做　　10.6%

图 6-2　关于"你更期待怎样的居家状态"的调查

注：数据统计时间截至 2022 年 8 月 2 日。

资料来源：DT 财经调研（有效样本为 1905 份）。

居家效率提升的三大方法。生活要讲究效率,降低隐性成本是关键。在调查中,人们更希望通过空间动线设计和用机器代工,"被动"提升效率。

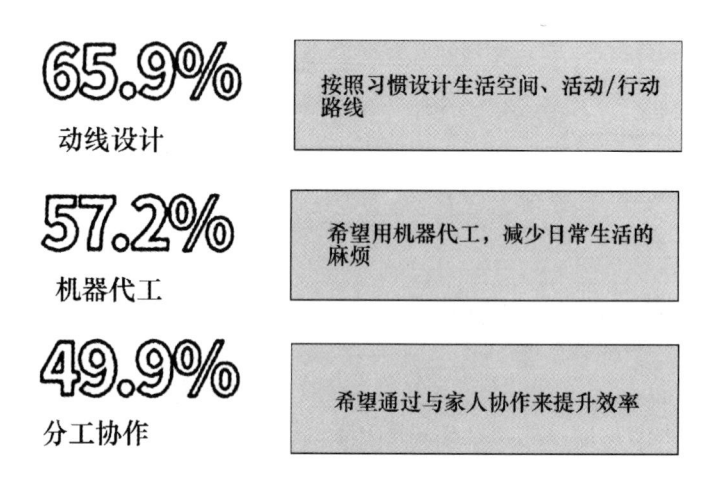

65.9% 动线设计 —— 按照习惯设计生活空间、活动/行动路线

57.2% 机器代工 —— 希望用机器代工,减少日常生活的麻烦

49.9% 分工协作 —— 希望通过与家人协作来提升效率

图6-3 关于"你会选择哪些方式来提升居家效率?"的调查

年轻人对于家的期待,在一定程度上会影响到整个家装设计过程。对于一名设计师而言,除了专业能力外,还需要与客户做好充分沟通,了解他们的兴趣需求,才有可能设计出超出客户预期的作品。比如对于希望家是充分放松场所的客户,设计师可以根据客户爱好打造专属的兴趣空间;对于希望家是治愈场所的客户,设计师可以使用相对柔和的色调,塑造出温暖治愈的氛围。总之,年轻人对家都有着最美的期待,设计师所要做的,就是充分落实他们的期待。

3. 可变化:给未来预留更多可能

局部可变:颜值和功能都需要更灵活。一套房屋总会陪伴我们少则几年多则几十年,所以大多数受访者仍然希望房屋在居住一段时间后能够改变。对于具体的改变,他们不仅希望局部装饰和家具摆放可以调整,也希望空间功能上能预留改变的空间。

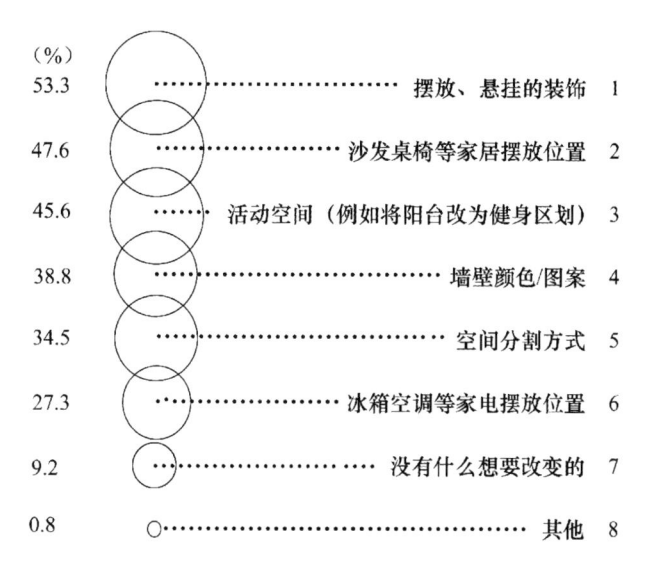

(%)		
53.3	摆放、悬挂的装饰	1
47.6	沙发桌椅等家居摆放位置	2
45.6	活动空间（例如将阳台改为健身区划）	3
38.8	墙壁颜色/图案	4
34.5	空间分割方式	5
27.3	冰箱空调等家电摆放位置	6
9.2	没有什么想要改变的	7
0.8	其他	8

图 6-4 关于"在居住一段时间后，你希望家的哪些部分仍可以改变？"的调查

期待改变的最主要原因：生活方式和兴趣可能会发生变化。

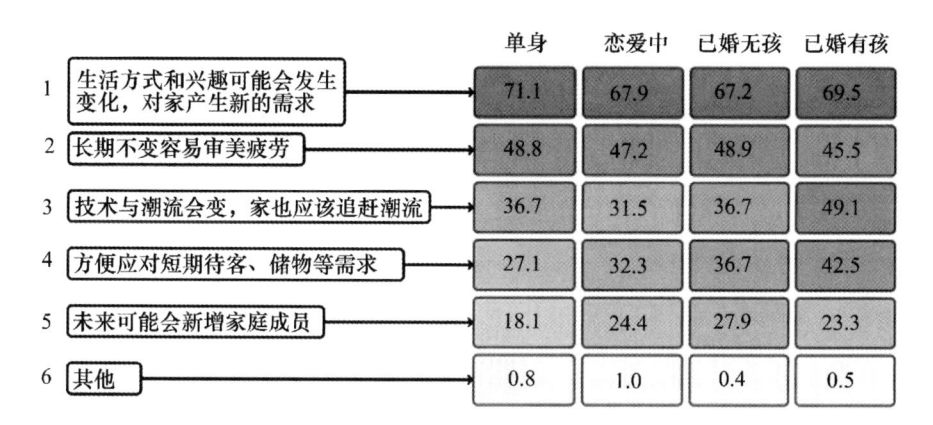

		单身	恋爱中	已婚无孩	已婚有孩
1	生活方式和兴趣可能会发生变化，对家产生新的需求	71.1	67.9	67.2	69.5
2	长期不变容易审美疲劳	48.8	47.2	48.9	45.5
3	技术与潮流会变，家也应该追赶潮流	36.7	31.5	36.7	49.1
4	方便应对短期待客、储物等需求	27.1	32.3	36.7	42.5
5	未来可能会新增家庭成员	18.1	24.4	27.9	23.3
6	其他	0.8	1.0	0.4	0.5

图 6-5 关于"不同人生阶段的人希望家在未来可以改变的原因"的调查

注：数据统计时间截至 2022 年 8 月 2 日。

资料来源：DT 财经调研（有效样本为 1905 份）。

一次装修之后，一套房子的翻新周期一般是 8—10 年，这是一个相对比较漫长的过程。对于喜欢不拘一格、乐意变化的年轻群体而言，很容易引起审美疲劳。因此，在保证居住功能的前提下，如何实现家的可变性，也是设计师要充分考虑的事情。一方面，在设计阶段，可以充分"留白"。比如改建客餐厅以扩大客厅范围，将客厅打造成娱乐场所，实现"去客化"设计；收缩或去除阳台洗晒功能，打造成休闲饲养宠物的空间。另一方面，通过灵活设计，为客户留下 DIY 设计空间，比如充分利用墙面，增加网板、洞洞板应用等。

4. 简单美：不复杂的好看让人愉悦

2/3 的人认为家中颜值的重要性在 8 分以上。为家中颜值的重要性打分时，仅有 6.7% 的人选择了 1—5 分的不重要档。认为家中颜值重要性达到 8 分的占比为 30.7%，甚至有 16.0% 的受访者打出了 10 分满分。

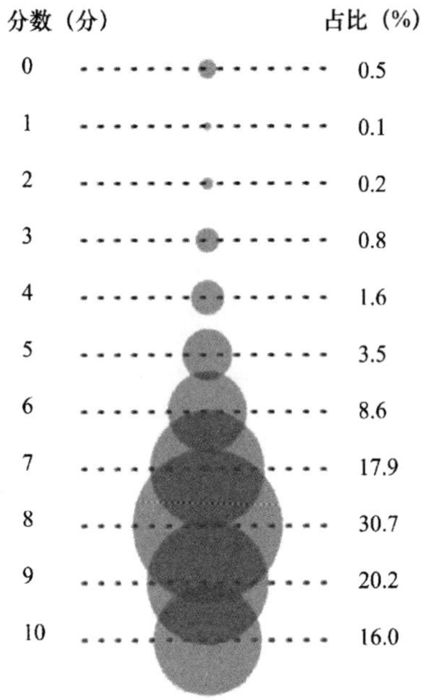

分数（分）	占比（%）
0	0.5
1	0.1
2	0.2
3	0.8
4	1.6
5	3.5
6	8.6
7	17.9
8	30.7
9	20.2
10	16.0

图 6-6 关于"你认为家的颜值有多重要？"的调查

现代极简风最受欢迎。在具体风格上，现代极简风俘获了最多芳心。但男女偏好风格有差异，女性比男性更偏好北欧风、日式风、奶油风和法式风，男性则相对更偏好新中式风和轻奢风。

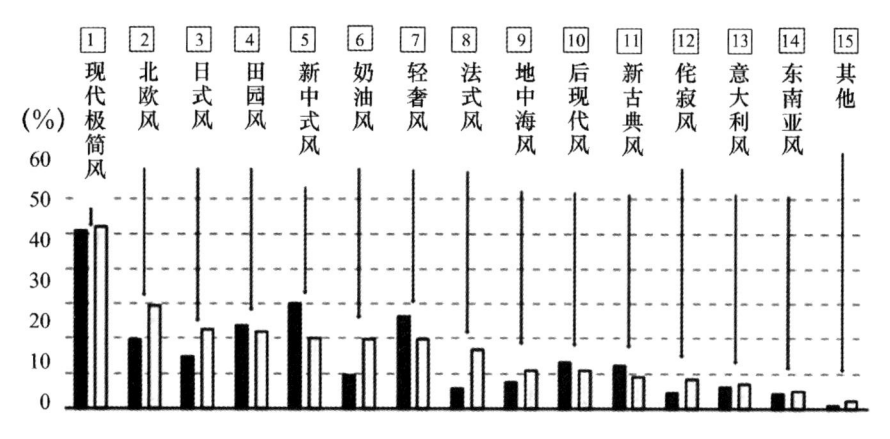

图6-7 关于"你希望自己的家是什么风格?"的调查

5. 疗愈我:在家休整好,再出发

七成人希望家是放松的。都市生活的年轻人总是处于高压和快节奏的生活中,回到家,他们希望家带给他们:放松(71.5%)、快乐(53.6%)和治愈(43.5%)。

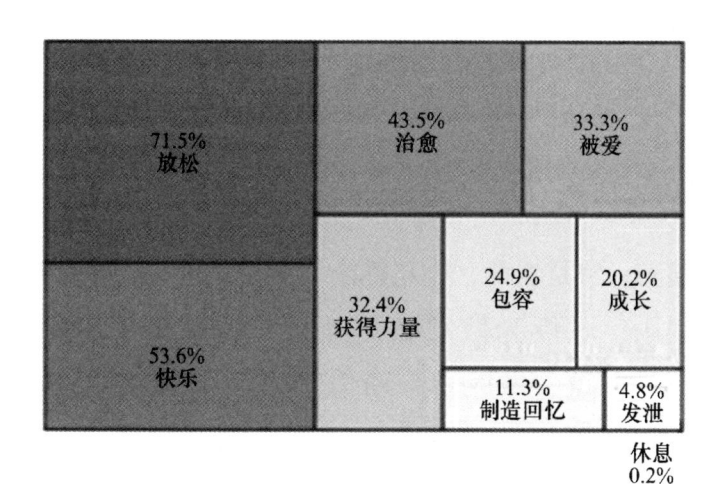

图6-8 关于"你希望家能让你获得什么?"的调查

注:数据统计时间截至2022年8月2日。
资料来源:DT财经调研(有效样本为1905份)。

"00后"从家找到爱,"90后"从家重获力量。不同人生阶段的人对家的期望有所差异。相对于其他年龄段,"00后"中,近四成人希望家是"被爱"的;而"95后""90后"和"85后"更希望在家获得"快乐"和"力量"。

	"00后"	"95后"	"90后"	"85后"
放松	71.5%	76.5%	66.6%	78.4%
快乐	50.0%	53.0%	52.8%	63.2%
治愈	47.0%	48.5%	42.0%	42.1%
被爱	39.3%	31.2%	33.4%	31.0%
获得力量	27.8%	34.3%	32.5%	333.9%
成长	23.7%	15.7%	24.3%	11.7%
包容	22.2%	20.3%	28.3%	22.8%
制造回忆	10.0%	9.8%	12.3%	13.5%
发泄	5.6%	6.1%	4.5%	1.8%
休息	0.0%	0.2%	0.1%	0.0%

图6-9 关于"不同年龄的人希望家让他们获得什么?"的调查
资料来源:DT财经调研(有效样本为1905份)。

6. 不孤独:家是我的,也是你的

一起娱乐、吃饭和做家务,分开工作、学习和洗漱。在家中,看电影、吃饭、做饭、劳动是受访者最渴望与爱人/家人共享的日常,而工作、学习和洗漱等事项则更希望有自己独立的空间。

"00后"要玩在一起,"90后"要一起让生活更好。分年龄来看,"00后"和"95后"更希望和家人/爱人一起放松玩乐;而"90后"和"85后"则更愿意和家人/爱人一起运动、打扫,让生活变得更好。

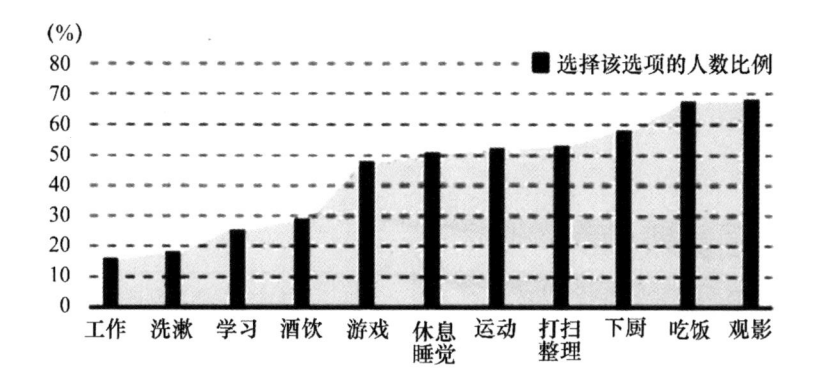

图 6-10 关于"你希望和爱人/家人在家做什么?"的调查

注:数据统计时间截至 2022 年 8 月 2 日。

资料来源:DT 财经调研(有效样本为 1905 份)。

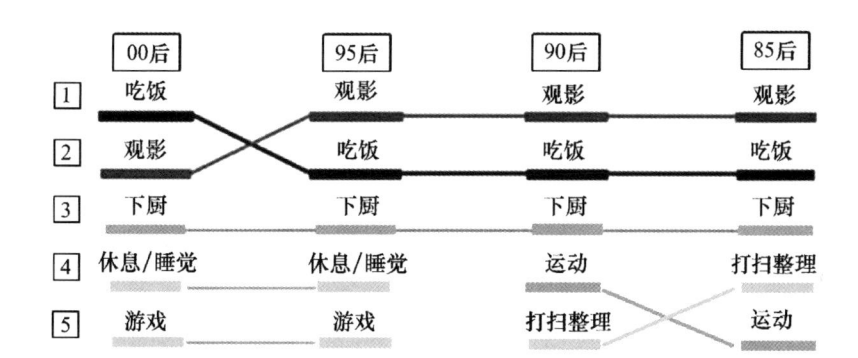

图 6-11 关于"不同年龄的人希望和爱人/家人在家做什么?"的调查

注:数据统计时间截至 2022 年 8 月 2 日。

资料来源:DT 财经调研(有效样本为 1905 份)。

二 打造理想家,给年轻人的家装建议

年轻人家装中最常见的"坑"。近五年有过装修经验的受访者在装修过程中最容易遇到的三个问题依次是:出现计划外的增加项(47%)、预算无法满足自己的需求(47%)、未来使用功能预留不足(41%)。

这些问题的背后,除了行业问题,一定程度上也和年轻人不断增长的个性化需求有关。换言之,千篇一律的装修虽然经

济实惠，也不容易出错，但当代年轻人从"理想家"出发，对装修提出了从功能到审美、从空间到细节的新要求。

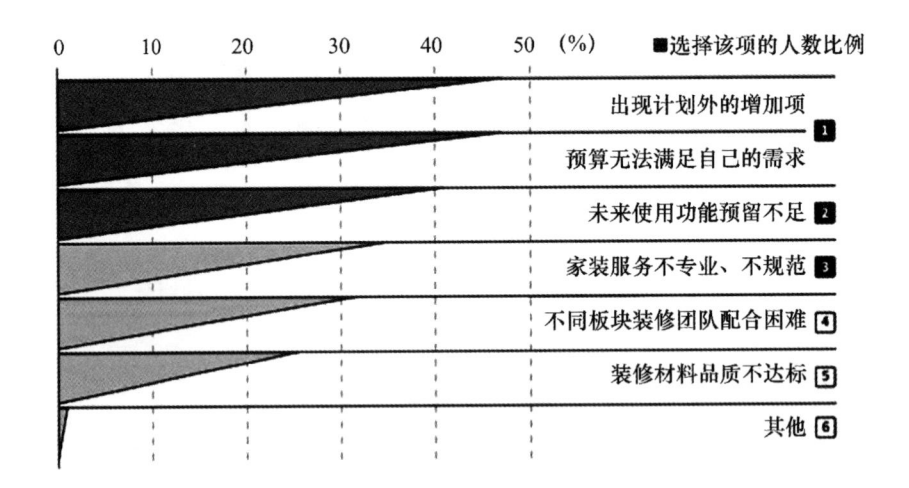

图 6-12　关于"在装修当中，年轻人遇到过哪些问题？"的调查

注：数据统计时间截至 2022 年 8 月 2 日。

资料来源：DT 财经调研（该部分问题仅针对近五年内有装修经验的群体，共 846 人）。

要解决装修过程中遇到的三大困难，年轻人需要提前做好哪些准备？

（一）预留缓冲基金：有效增项，在预算之内打造理想家

多留 3 万元，有效满足新增需求。由于缺乏经验，很多需求是在装修过程中不断发现的。因此，主动增项也成为很多人的选择。在调查中，36.4% 的人在装修过程中会主动增加项目。一般来说，多数年轻人因主动增项而产生的费用在 3 万元以内。

增项性价比之选：客厅和厨房。在具体增项空间中，对待得最久的空间，例如客厅、卧室进行改造，有助于提升生活的幸福感；而对高频使用空间，例如厨房和卫生间的改造，有助于提升生活的便利性。对它们的改造都是更具有性价比的。

4.8%

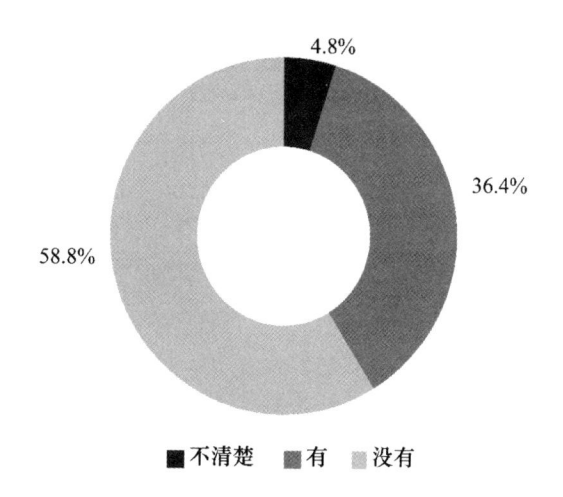

36.4%

58.8%

■ 不清楚　■ 有　■ 没有

图 6-13　关于"装修过程中,你是否有主动增加项目?"的调查

注：数据统计时间截至 2022 年 8 月 2 日。

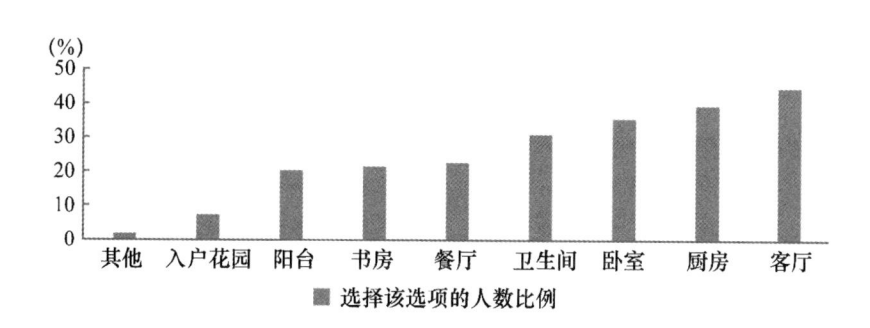

图 6-14　关于"装修时,主动增项主要发生在哪个空间?"的调查

注：数据统计时间截至 2022 年 8 月 2 日。

资料来源：DT 财经调研（该部分问题仅针对近五年内有装修经验的群体，共 846 人）。

（二）局部参与装修：用装修模式平衡需求和预算

整装：专注需求，借助专业最大化实现个性需求。在打造理想家的过程中，年轻人既想体现审美，满足个性化的需求，又要省事不麻烦。在整装模式中，年轻人可以把大多数精力留在理清需求，以及和设计师讨论需求实现上，装修公司通过一体化的设计、装修和统一采购，最大化地实现个性化的需求。

装修形式	装修公司负责部分	业主主要参与部分	特点
整装	设计+主材+辅材+施工+家电	方案讨论	拎包入住，一体化设计更容易满足个性化需求
全包	设计+主材+辅材+施工	方案讨论+家电	简单方便，但容易因家电需求引发再次改造
半包	设计+辅材+施工	方案讨论+主材+家电	容易控制大块预算，但耗费时间和精力较多
清包	施工	方案讨论+设计+主材+辅材+家电	自主性高，但需要具备充足的相关知识，且耗时耗力

图 6-15　不同装修形式的特点

半包：把控主材，预算不足时找到性价比之选。年轻人由于没有足够的时间和知识把控装修品质，也没有足够的预算选择整包和全包。于是很多人选择半包，"主攻"主材，用最少的时间把控品质和降低支出。

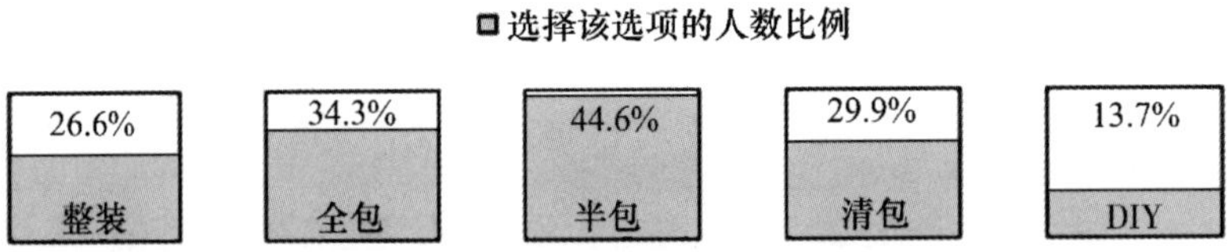

◼ 选择该选项的人数比例

26.6%	34.3%	44.6%	29.9%	13.7%
整装	全包	半包	清包	DIY

图 6-16　关于"你更偏好选择哪种装修模式？"的调查

注：数据统计时间截至 2022 年 8 月 2 日。

资料来源：DT 财经调研（该部分问题仅针对近五年内有装修经验的群体，共 846 人）。

（三）参考必备家电：提前参考他人推荐，为未来做好预留

居家必备家电 TOP10。每个人的生活方式不同，装修设计能够解决一部分需求，剩下的另一部分便需要家电来满足。在居家必备的家电中，有过装修经验的群体推荐的 TOP3 依次是：智能门锁、洗地机/扫地机和大容量冰箱。

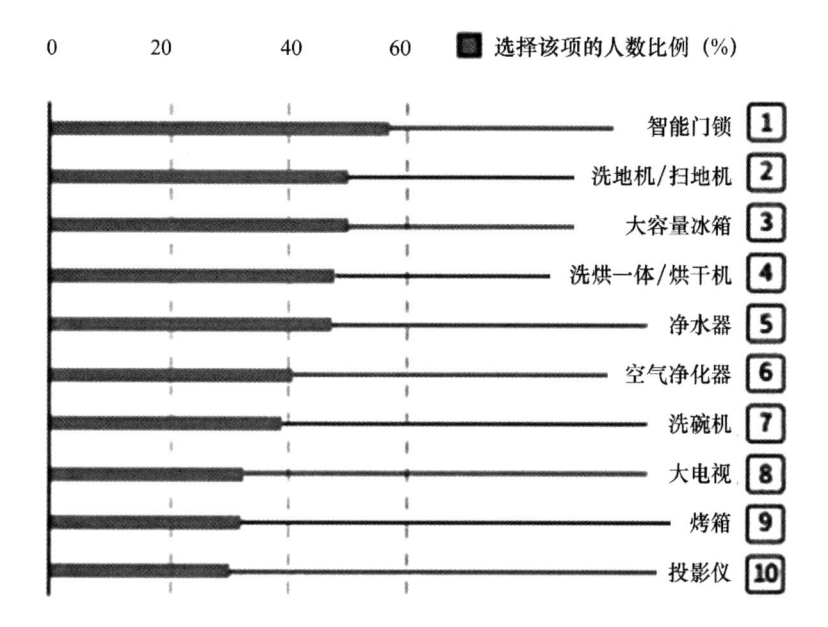

```
   0       20      40      60    ■ 选择该项的人数比例（%）
───────────────────────────────── 智能门锁   [1]
───────────────────────────────── 洗地机/扫地机 [2]
───────────────────────────────── 大容量冰箱  [3]
───────────────────────────────── 洗烘一体/烘干机 [4]
───────────────────────────────── 净水器    [5]
───────────────────────────────── 空气净化器  [6]
───────────────────────────────── 洗碗机    [7]
───────────────────────────────── 大电视    [8]
───────────────────────────────── 烤箱     [9]
───────────────────────────────── 投影仪    [10]
```

图 6-17　居家必备家电 TOP10

	单身	恋爱中	已婚无孩	已婚有孩
TOP 1	智能门锁	洗地机/扫地机	洗地机/扫地机	智能门锁
TOP 2	大容量冰箱	智能门锁	洗碗机	净水器
TOP 3	洗地机/扫地机	洗烘一体/烘干机	净水器	洗地机/扫地机
TOP 4	洗烘一体/烘干机	大容量冰箱	智能门锁	大容量冰箱
TOP 5	洗碗机	空气净化器	大容量冰箱	洗烘一体/烘干机
TOP 6	投影仪	洗碗机	洗烘一体/烘干机	空气净化器
TOP 7	净水器	净水器	新风系统	洗碗机
TOP 8	烤箱	大电视	大电视	大电视
TOP 9	大电视	烤箱	空气净化器	烤箱
TOP 10	空气净化器	投影仪	投影仪	新风系统

图 6-18　各人生阶段群体推荐必备家电清单

注：数据统计时间截至 2022 年 8 月 2 日。

资料来源：DT 财经调研（该部分问题仅针对近五年内有装修经验的群体，共 846 人）。

第七章 中国家装行业设计师发展状况

一 需求带动下室内设计师规模超过百万

经过测算，我国家装市场总体规模在2025年达到5万亿元左右，在2030年达到7万亿元左右，年均增长率超过6%。广阔的市场规模必然会对人才供给产生持续性需求。从传统家装参与主体看，家装行业主要包括建材工厂、家居软饰工厂等原材料生产企业以及建材（家居软饰）经销商、建材（家居软饰）市场和专卖店等流通类企业，以及家装公司、设计师和装修团队等参与主体。其中，设计师在装修过程中扮演着重要角色，这也就决定了家装行业规模的增长，必然会带来对设计师岗位需求的增长。

波士顿咨询数据显示，2017年全球全职设计师人数约9000万。按照国家分布来看，中国设计师总人数至少达到1700万，保守估计，室内设计师总数约为340万。我们假设，家装行业规模增速与设计师增速保持同步，根据我们的测算模型，家装市场规模的平均增长率约为6%。因此，按此保守估计，当前我国室内设计师总数约为455万。

从需求侧看，2022年我国室内设计师总数约为455万。按照家装行业规模增长的测算，经过换算后，我们预计，2025年，我国室内设计师总数约为548万，新增93万。从供给侧看：粗

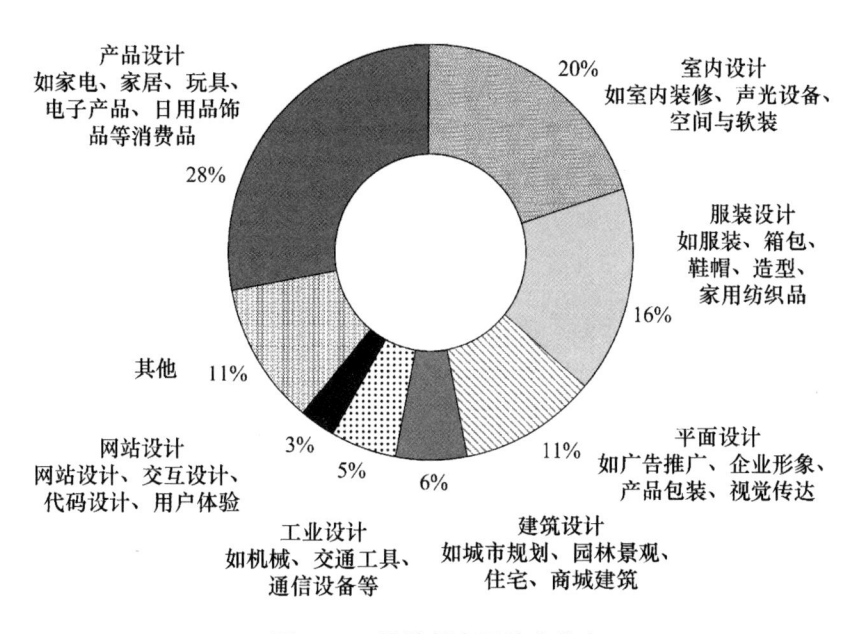

产品设计
如家电、家居、玩具、电子产品、日用品饰品等消费品 28%

室内设计 20%
如室内装修、声光设备、空间与软装

服装设计 16%
如服装、箱包、鞋帽、造型、家用纺织品

平面设计 11%
如广告推广、企业形象、产品包装、视觉传达

建筑设计 6%
如城市规划、园林景观、住宅、商城建筑

工业设计 5%
如机械、交通工具、通信设备等

网站设计 11%
网站设计、交互设计、代码设计、用户体验

其他 3%

图7-1 设计师主要从业分布

资料来源：波士顿咨询。

略估算，我国设计类毕业生每年新增约为8万人，到2025年约增加32万人。因此，不难发现，即便以2022年为起点，到2025年，我国室内设计师行业尚存在约62万的人才缺口。

二 客户需求导向下家装设计师生存图景

目前，中国室内设计师按照业务模式分类，大致可以分为三个类型。其一，门店设计师，即具备一定设计能力，但主要扮演销售角色，为门店产品销售服务的室内设计师，主要常见于定制家具企业、硬装建材公司和家居卖场等。其二，家装设计师，主要工作模式是提供空间设计和施工服务，不但要为客户提供设计解决方案，同时也要扮演监工角色，监督工程进程，常见于装修企业。随着整装渐成主流模式，根据其标准化和流程化特点，家装设计师又可进一步细分为全案设计师、木作设计师及软装设计师等。其三，室内设计师机构工作，又可具体分为两种,一种是仅提供设计服务,不涉及或者很少涉及供应链工作,另一种是除了提供设计服务外,还负责销售建材和家具产品,主要常见于设计工作室和自由设计师。在本报告中,我们以家装设计师为研究样本进行描述与分析。

(一) 客户眼中的家装设计师

对家装设计师而言,首要任务就是要知晓客户对家装设计师的真正诉求是什么?(本部分数据来自第三方平台采集,1000份问卷来自有过装修经验的客户,500份问卷来自家装设计师从业者)

1. 家装设计师并不陌生:近九成客户有过了解

对于有装修需求的客户而言,设计师的价值主要体现在哪里?调研结果显示,87.3%的受访客群表示至少了解家装设计师这个职业;其中,33.6%表示"十分熟悉"。一个称职的家装设计师,可以帮助客户合理规划空间。家装设计师的核心能力之一就是合理规划空间,从而为客户解决问题。此外,家装设计师的价值还体现在现场量房、出效果图、重要装修节点跟进以及空间整体搭配合理性建议等方面。

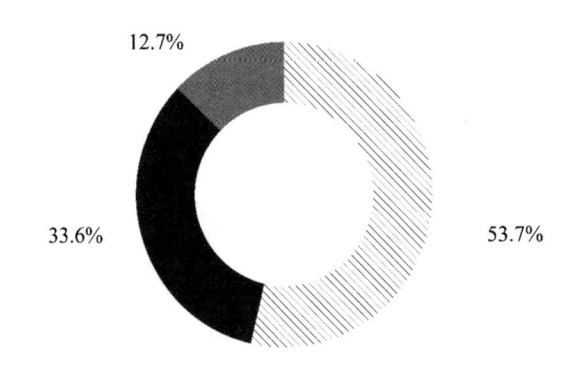

12.7%
33.6%
53.7%

□ 了解,但不熟悉　■ 十分熟悉　▨ 不了解,但听说过

图 7-2 家装设计师熟悉度

资料来源:贝壳研究院。

2. 家装设计师满意度调研：超九成客户表示满意

客户对接触过的家装设计师整体上的满意度如何？调研数据显示，97.5%的受访客群表示，对接触过的家装设计师表示满意，其中，40.7%表示非常满意。从结果看，当前家装设计师的客户满意度处于较高水平。

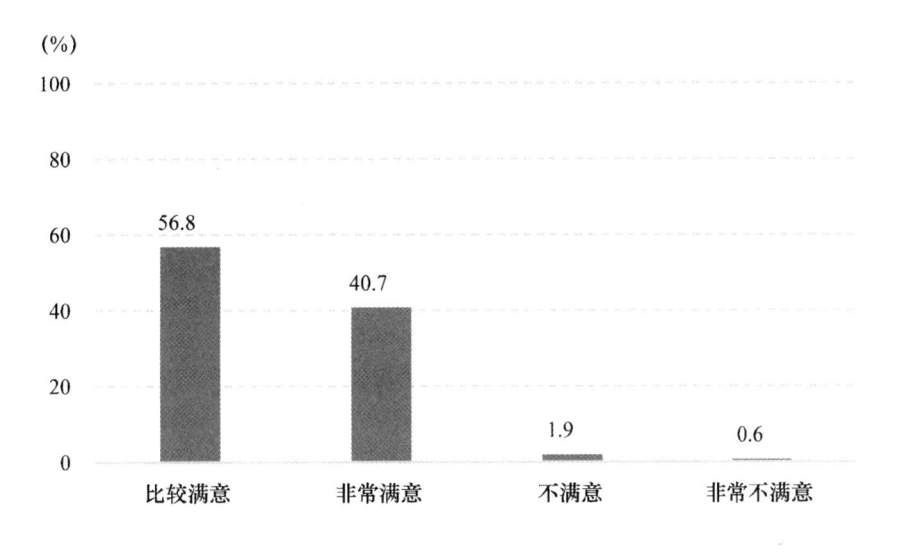

图7-3 家装设计师满意度

资料来源：贝壳研究院。

3. 职业发展前途：超七成看好职业发展前途

站在客户的角度，是如何看待家装设计师的职业发展前景的？调研结果显示，71.8%的受访客群表示"非常认可"家装室内设计师是一个有前途的职业，25.9%表示"比较认可"，也就是说，绝大多数客户比较看好这个职业的发展前景。

4. 私域流量助力设计师职业发展

与其他职业相比，设计师是一个非常注重个人品牌包装的职业。在这样的逻辑下，设计师就应当注重个人品牌的打造，一方面是对自身知识产权意识的保护，另一方面又有利于打造个人独特风格，通过影响力提升服务力的转化。调研结果显示，61.0%的受访客群表示是通过"小红书、抖音等信息平台"了解设计师的。有 55.6% 的受访客群表示,他们是通过熟人介绍的方式了解家装设计师的。这就说明,家装设计师也是一个依赖口碑传播的职业。因此,高水平的服务水平,必然会带来更高的客户转化。

您是从哪些渠道了解家装设计师的?

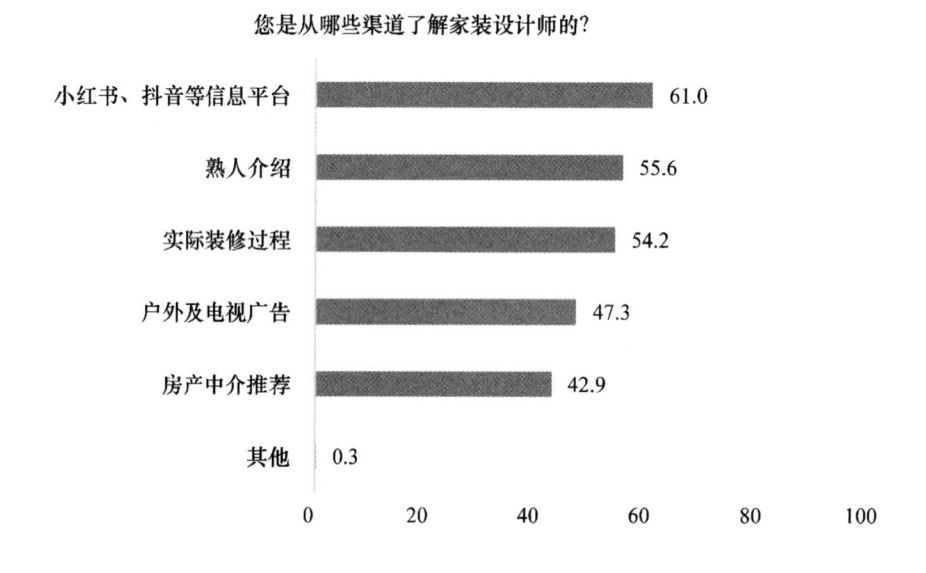

- 小红书、抖音等信息平台 61.0
- 熟人介绍 55.6
- 实际装修过程 54.2
- 户外及电视广告 47.3
- 房产中介推荐 42.9
- 其他 0.3

图 7-4 家装设计师了解渠道

资料来源:贝壳研究院。

5. 客户更看重家装设计师的"实践应用能力"

在实际作业过程中,客户更看重家装设计师的哪些能力?我们采用打分的方式,对设计师的职业技能进行了评价估分,在满分为 5 分的情况下,"实践应用能力"得分最高,均值达到了 4.27 分。"可持续学习与创新能力"的均值为 4.18 分。"沟通协调能力"的平均得分几乎与"可持续学习与创新能力"相同,为 4.17 分。与其他技能相比,"复合能力"得分相对较低,为 4 分。因此,站在客户视角,他们更看重的是设计师的"实践应用能力"。

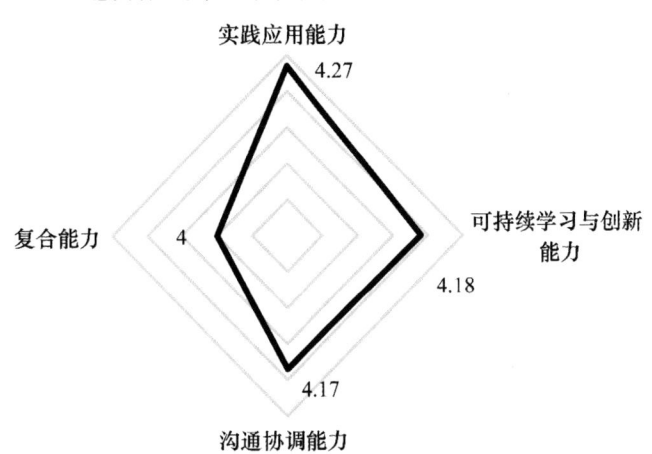

您更看重家装设计师的哪些技能？（0—5分）

- 实践应用能力 4.27
- 可持续学习与创新能力 4.18
- 沟通协调能力 4.17
- 复合能力 4

图7-5 家装设计师技能重要性评价

资料来源：贝壳研究院。

6. 客户最大痛点：设计水平达不到满意

站在客户的角度，他们在与设计师的沟通合作中，认为设计师主要存在哪些问题？调研结果显示，52.4%的受访客群表示，在实际作业中，设计师的"专业技能有待提高，设计水平达不到客户满意"，该因素成为客户的最大痛点。此外，49.4%表示设计师"反馈不及时，不能及时跟进客户需求"，49.0%表示与设计师的"沟通成本高，不能准确理解客户需求"。此外，对突发事件的应变能力不强以及经验不足等，也是客户关注的重要问题。如前所述，设计师是一个强调实践的职业，只有拥有足够多的作业经验，才有能力处理所谓的"突发事件"，这也是家装设计师行业主要采用"师徒制"的主要原因之一。有经验的"师傅"带领指导，可以大幅缩短实习设计师的过渡期。站在高校的角度，应该为设计师提供更多的实践机会，从而提前积累相关经验。

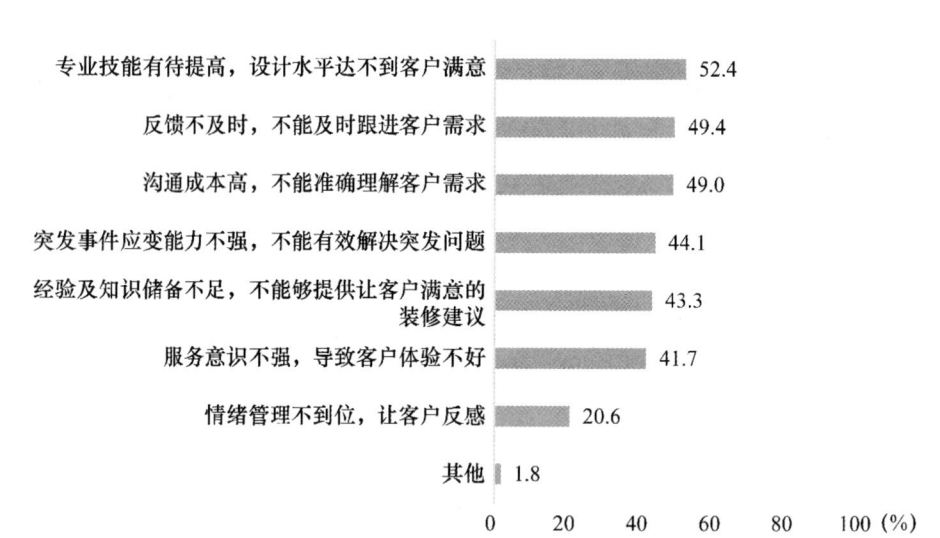

在与设计师的沟通合作当中,您认为设计师存在哪些问题?

问题	百分比
专业技能有待提高,设计水平达不到客户满意	52.4
反馈不及时,不能及时跟进客户需求	49.4
沟通成本高,不能准确理解客户需求	49.0
突发事件应变能力不强,不能有效解决突发问题	44.1
经验及知识储备不足,不能够提供让客户满意的装修建议	43.3
服务意识不强,导致客户体验不好	41.7
情绪管理不到位,让客户反感	20.6
其他	1.8

图 7-6 家装设计师存在的问题

资料来源:贝壳研究院。

7. 理想的设计师标签:专业、服务、诚信及高效

从客户的视角看,他们理想的设计师模型是怎样的?我们对此罗列出了专业、服务、诚信、高效、沟通及信任等能力关键词,结果显示,77.1%的受访客群表示,最重要的能力特点是专业。要达成这一目标,就需要设计师扮演专家角色,能够为客户输入成熟的解决方案,而不是被动式解决问题。此外,76.4%的受访客群表示,服务是理想的设计师标签,即能够站在客户立场上考虑问题,拥有很好的服务意识。除此之外,诚信也是重要标签。调研显示,75.0%的受访客群表示,理想的设计师应当在合作过程中不存在欺骗客户的行为,能够做到诚实可信。基于这样的标签,从企业角度看,在制定设计师岗位能力要求时,应侧重应用能力、服务意识及综合素质等方面。

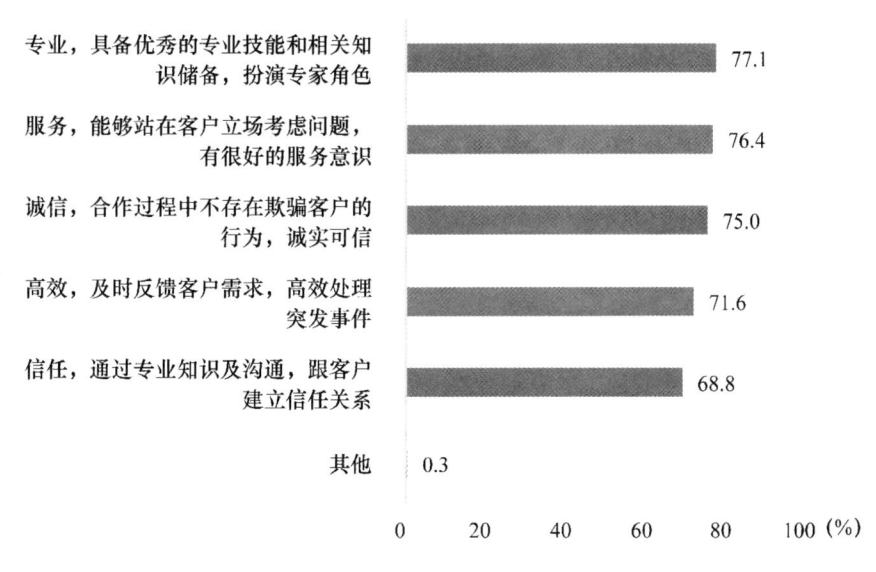

您理想的设计师应该是一个什么样的标签?

- 专业,具备优秀的专业技能和相关知识储备,扮演专家角色　77.1
- 服务,能够站在客户立场考虑问题,有很好的服务意识　76.4
- 诚信,合作过程中不存在欺骗客户的行为,诚实可信　75.0
- 高效,及时反馈客户需求,高效处理突发事件　71.6
- 信任,通过专业知识及沟通,跟客户建立信任关系　68.8
- 其他　0.3

图 7-7　理想的家装设计师标签

资料来源:贝壳研究院。

(二)家装设计师职业生存现状

对于什么是"好"的解决方案,每个家装设计师会给出不同的答案,但满足客户需求这一目标是一致的。

1. 从业者画像:在一线城市打拼的"85后"已婚男性

一个典型的家装设计师的画像是什么?在有关年龄的调查中,从业设计师的年龄主要分布在26岁到35岁,占比达到了79%。在有关婚姻状况的调查中,60.2%的受访者表示,目前是"已婚有孩子"。在有关城市级别的调查中,显示60.6%的受访者表示目前在一线城市打拼。因此,我们可以大致描绘出家装设计师的画像,即一个在一线城市打拼的"85后"已婚男性青年。面对一线城市相对较高的生活成本,家装设计师不得不为实现美好生活的目标而不断奋斗(基于500份家装设计师从业者调研而得)。

2. 从业时长:超八成从业超过3年

家装设计师的职业特征之一就是入行门槛相对较低,能力更重于学历，这就导致了从业前期的预期收入普遍偏低，从而导致前期的淘汰率较高。但是，随着设计经验积累和资源的增加，家装设计师的收入会在入行3年后有比较显著的增加。调研结果显示，有5—10年工作经验的家装设计师占比约为39.6%，其次是3—5年，占比约为37.2%。也就是说，经过前期淘汰之后，多数设计师从业时长都超过了3年。

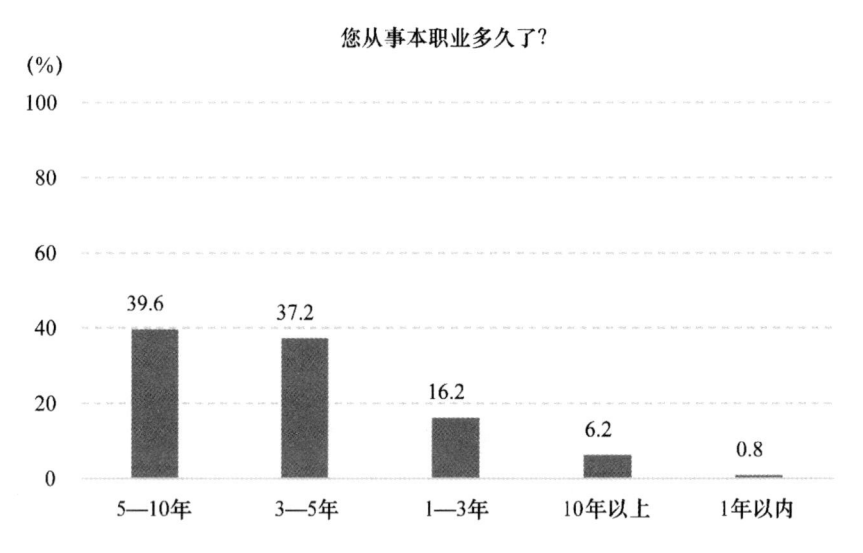

您从事本职业多久了？

从业时长	占比(%)
5—10年	39.6
3—5年	37.2
1—3年	16.2
10年以上	6.2
1年以内	0.8

图7-8 家装设计师从业时长

资料来源：贝壳研究院。

3. 家装设计师从业分布：装企成为首选

调研结果发现，当前市场的家装设计师主要分布在装修企业，占比约为33.8%，也就是说，家装设计师占比相对较高。其实，在家装设计师中，还会根据业务模式分为全案设计师、软装设计师及橱柜设计师等。除了装修企业外，26.4%的家装设计师供职于设计工作室，更强调设计的专业性，提供个性化及品质化的装修方案。另外，16.2%的家装设计师供职于定制家具企业，为客户提供定制化及个性化的定制服务。此外，就是在建材公司和家居卖场服务的家装设计师，更多的是扮演销售的角色，对设计的专业性要求相对较低。

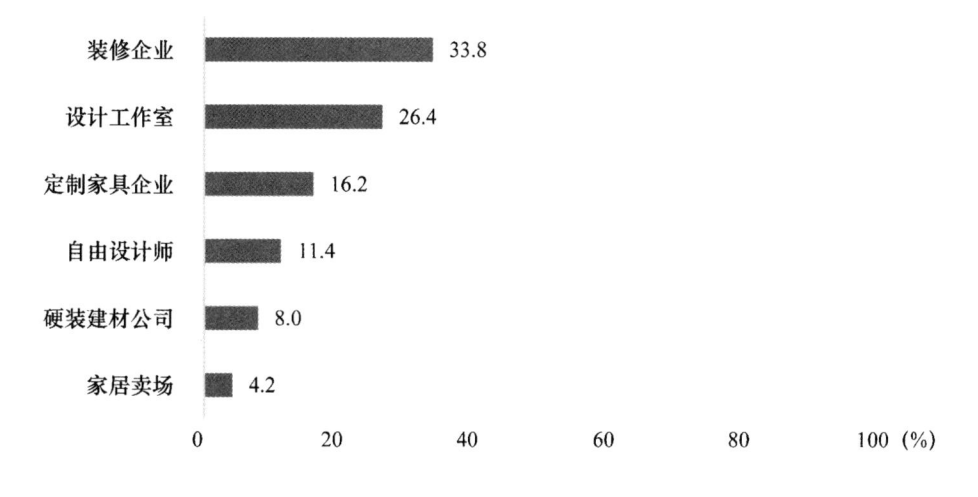

```
装修企业        33.8
设计工作室      26.4
定制家具企业    16.2
自由设计师      11.4
硬装建材公司    8.0
家居卖场        4.2
         0   20   40   60   80  100 (%)
```

图 7-9 家装设计师工作分布

资料来源：贝壳研究院。

4. 超负荷工作成为常态

调研显示，65.2%的家装设计师每天工作时长在8—12小时，能够实现8小时工作制的占比仅为三成。与性别交叉分析看，男性家装设计师相对更加饱和，8—12小时占比约为67.2%，要超过同时段女性的61.8%。

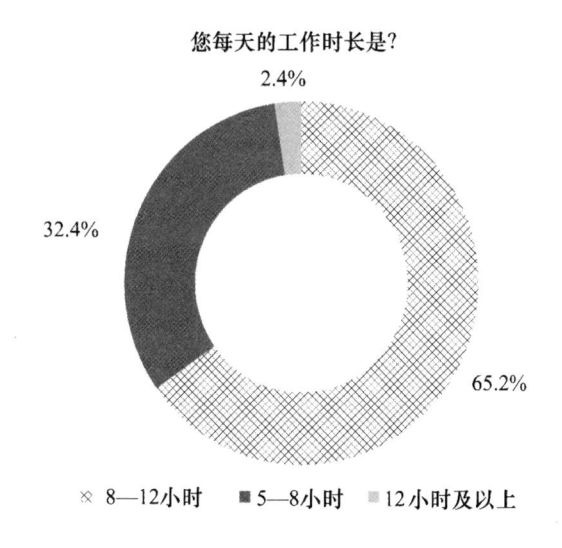

您每天的工作时长是？

- 8—12小时：65.2%
- 5—8小时：32.4%
- 12小时及以上：2.4%

图 7-10 家装设计师工作时长

资料来源：贝壳研究院。

5. 家装设计师最值得吐槽的问题：沟通成本太高，工作量过于饱和

对于家装设计师而言，他们在日常工作中除了绘制方案外，还要频繁与客户、合作伙伴展开沟通，同时还要处理各种突发事件。在此期间，难免会遇到让他们吐槽的事情。我们对此展开了调研，请受访者对"在日常工作中，最值得吐槽的问题"进行了回复，并在此基础上进行了分析。

图 7-11　家装设计师最值得吐槽的问题

资料来源：贝壳研究院。

结果显示，最让设计师们感到困惑，或者挑战最大的就是与客户的沟通问题，其中就包括了"与客户沟通不到位""沟通能力差""业主不容易沟通""与客户沟通经常产生分歧""沟通成本太高"等。由此可见，沟通是成为资深设计师必然要具备的职业素质。此外，工作时间过长也是主要的吐槽点之一。调研发现，设计师主要的吐槽为"频繁加班""工作时间长""休息时间少"等。

(三) 家装设计师职业发展前景

1. 职业发展前景调研：超过八成看好职业发展前景

作为一名家装设计师，他们是否看好自己的职业发展前景？调研显示，42.6%的受访者表示"看好"这个职业发展前景，41.4%表示"非常看好"。也就是说，超过八成受访者都普遍认同家装设计师这个职业，职业认同感处于较高水平。

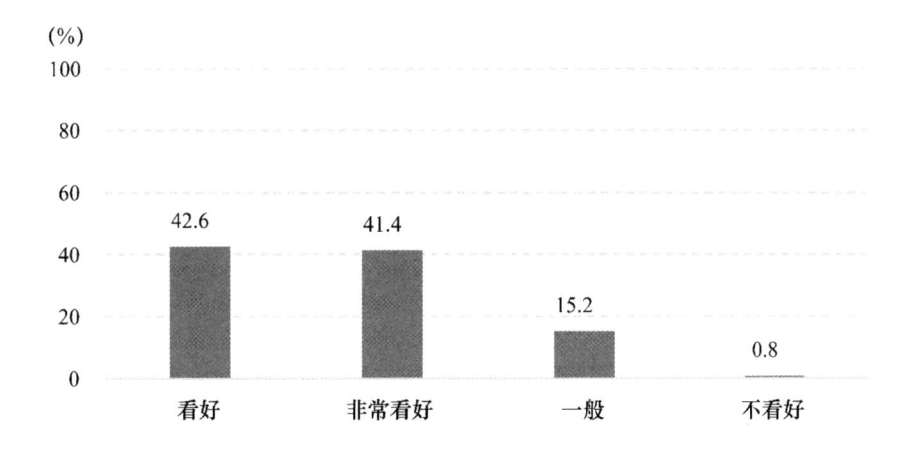

图7-12 家装设计师职业发展前景

资料来源：贝壳研究院。

2. 家装设计师核心竞争力：专业、表达及沟通能力

对于一名家装设计师而言，他的核心竞争力是什么？对于这个问题，我们通过访谈形式进行了归纳，之后以问卷形式进行了定量分析。调研发现，68.0%的受访者表示，"专业技术知识"是核心竞争力，63.0%认为是"设计表达能力"，此外，57.0%表示核心竞争力是"沟通表达能力"。

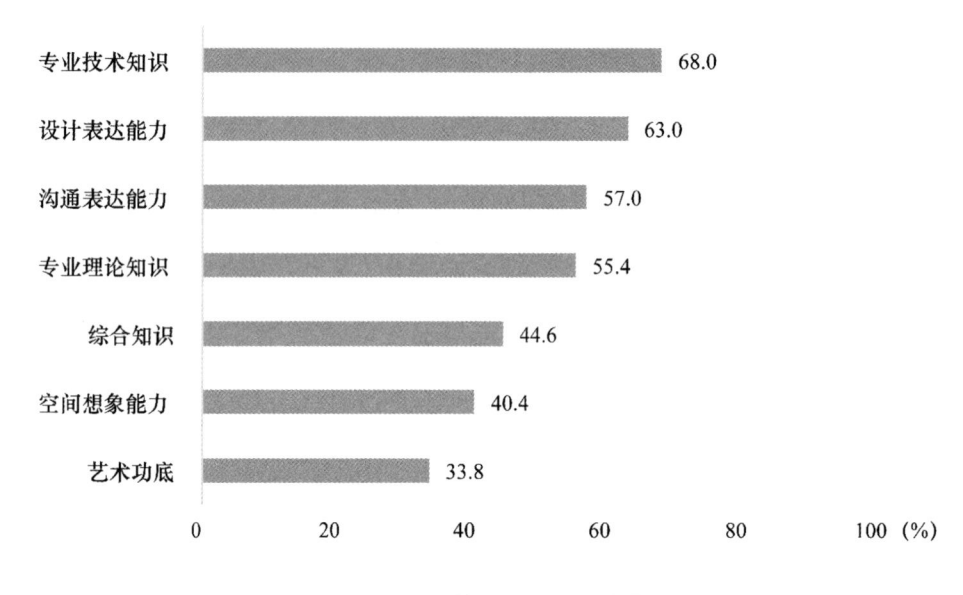

专业技术知识	68.0
设计表达能力	63.0
沟通表达能力	57.0
专业理论知识	55.4
综合知识	44.6
空间想象能力	40.4
艺术功底	33.8

图 7-13　家装设计师核心竞争力

资料来源：贝壳研究院。

3. 家装设计师培养：应重视应用技能培养和跨学科知识融合

如前所述，超过九成的家装设计师都有高校教育背景，因此，高校就成为设计师最重要的培养机构。基于此，我们通过设计师的视角，调查了他们对于高校教育阶段培养方向的建议。调研显示，66.4%的受访者认为高校应当加强应用技能的培养，其中就包括设计相关软件技能等，这显然是基础的数据技能要求。64.0%的受访者表示，跨学科知识的融合也比较重要。因此，作为高校机构，在教育阶段，应当展开方案设计相关的教育，以及注重产业教育融合，为学生提供更多到一线企业定期实习的机会。

在并行因素的驱动作用下，中国家装市场规模必将迎来万亿级的规模增长。相对应，中国家装设计师人才缺口也将进一步放大。从需求侧看，在居住消费升级及住房消费主力更新的背景下，绿色化、智能化、定制化、家居体验将成为消费者家装家居的需求新方向。从供给侧看，标准化整装将成为主流模式。在这样的背景下，家装设计师将按照标准化、套餐化及定制

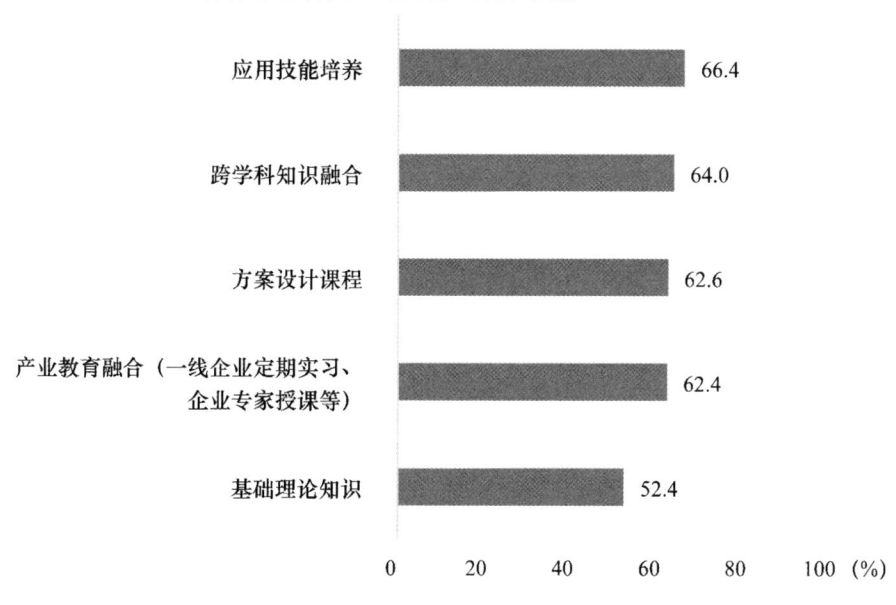

您认为高校教育阶段，应加强哪些方向的培养？

- 应用技能培养　66.4
- 跨学科知识融合　64.0
- 方案设计课程　62.6
- 产业教育融合（一线企业定期实习、企业专家授课等）　62.4
- 基础理论知识　52.4

图 7-14　家装设计师培养

资料来源：贝壳研究院。

化的方式提供服务。同时，随着线上化、数字化手段的进一步普及，对设计师基础设计能力的要求在进一步减弱，而对设计师项目统筹及运营的综合能力提出了更高要求。从企业的角度看，随着装修案例的不断丰富，人工智能技术将逐步取代设计师的部分基础作业能力，设计师将更多精力用在与客户建立信任关系上。从客户角度看，随着客户综合素质的提升，他们对于家的审美与居住体验有了更高的要求，这也意味着对他们的需求洞察需要有更加深刻的认识。因此，设计师就需要不断扩展自己的知识面，提升综合知识，进而转化为职业素质的提升，全面了解"家的一切"，为客户提供一站式解决方案。

三　家装设计师工作职责、核心能力素质模型及其成长路径

前两部分，我们分析了家装行业发展趋势，并且从客户和

设计师的视角探析了家装设计师的职业发展特征和前景。据此，我们发现，在行业趋势转变的背景下，行业对设计师的能力模型提出了新的需求。家装设计师的核心竞争力将从艺术设计转向咨询顾问，从图纸绘制转向整体方案解决。也就是说，家装设计师的定位，不再是"艺术家"，而是咨询专家。同时，随着信息化技术的发展，设计师将从基础图纸绘制中解脱出来，他们更多精力将用在与客户建立信任关系上。我们判断，在整装趋势下，除了专业能力外，对设计师的沟通、谈判、运营、销售、服务及情绪管理等综合能力提出了更高要求。结合以上分析，我们将在本部分，对家装设计师的核心能力、需要掌握的知识及素质要求进行详细描述，并绘制出了家装设计师的知识成长地图及成长路径阶梯，以期待描绘出一个完整的家装设计师"画像"。

（一）家装设计师岗位职责

家装设计师的工作职责可总结归纳为四大工作场景及 16 项工作任务。四大工作场景分别为：商机维护、方案设计、正式签约、施工交付。在这四大工作场景中，方案设计这一项属于专业知识和技能，而商机维护、正式签约、施工交付这些场景则属于非专业知识类，却构成了家装设计师中大部分的工作量。在此类工作内容中，商机维护包括维护待签客户、商机获取、面访洽谈关键环节。方案设计涵盖量房（预勘和排雷）、挖掘客户需求、设计方案（平面图、出报价、出效果图等），以及沟通正式的设计方案。在正式签约环节，则涉及签约、深化图纸（绘制 BIM）这两个关键步骤。在施工交付任务中，工作内容更是复杂多样，包括开工交底（拆除、水电等）、对接协同方（材料厂家、工长、施工监理等）、关键施工节点验收，在途工地维护、过程中方案调整变更、竣工验收，以及最终的售后维护。

```
商机维护：
・维护待签客户
・商机获取
・面访洽谈

方案设计：
・量房（预勘/排雷）
・挖掘需求
・设计方案[平面图/出报价/效果图（看情况）]
・沟通方案

正式签约：
・签约
・深化图纸（绘制BIM）

施工交付：
・开工交底（拆除/水电）
・对接协同方（材料厂家/工长/监理）
・节点验收
・在途工地维护
・方案变更
・竣工验收
・售后维护
```

图7-15　家装设计师岗位职责16项任务图谱

资料来源：贝壳研究院。

我们将上述16项典型任务进一步拆分，便可落实到关键行为上。达成关键行为所需的知识、技能、核心素质便构成了家装设计师的核心能力素质模型。

正如前文所述，家装设计师很重要的一个工作模块是和客户及工程相关方的沟通对接，单以商机获取后的面访洽谈为例：该任务环节涉及5个关键行为：准备材料（包括户型图纸、意向图片、自己往期作品、公司案例、小区情况等）、准备沟通策略、沟通需求、答疑解惑与辅助认购、预约量房时间。再比如在挖掘需求任务环节，需要家装设计师做到：明确客户画像，能够对小区、户型进行精确的分析判断；对需求进行有意识的发掘和分析：如业主装修的目的是什么、使用人和决策人分别是谁、使用时长等信息；对客户的痛点进行发掘分析：关键点涵盖房屋面积、居住功能、采光等；预算沟通和澄清需求也是家装设计师在和业主明确需求过程中不能忽略的。由此可见，设计师岗位所涉及的工作中很多精力要放在和业主、相关方的沟通上，这也提示我们，理解设计理论并能使用绘图工具进行设计是成为家装设计师的门槛,而沟通能力、销售能力则成为优秀设计师与普通设计师拉开差距的分水岭(具体见附表7-1"家装设计师典型任务与关键行为清单")。

(二) 家装设计师核心能力素质模型

能力素质模型作为企业中组织与人才发展的关键定义,既指向员工发展,也指向组织发展,更提示业务发展的方向。其中技能、知识、素质作为三个构成能力素质模型的关键要素,彼此之间相互作用和关联。知识的累积构成技能,技能的背后是核心素质在做支撑。而从知道到会做,再到做好,要求的是该岗位人员从知识学习到技能熟练,再到具备素质的过程。

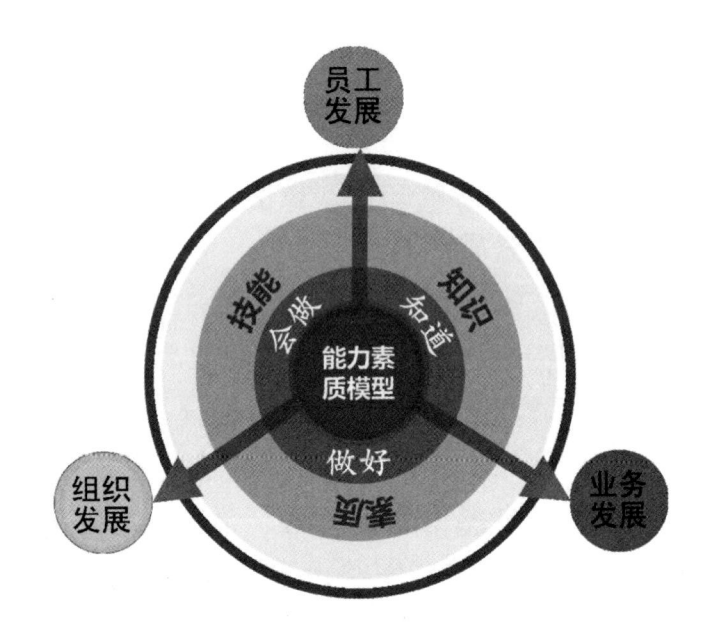

图 7-16 家装设计师核心能力素质模型
资料来源:贝壳研究院。

知识(Knowledge)——开展该岗位工作所需要知道和掌握的原理、流程、标准等(知道)。

技能(Skill)——有效完成工作任务所必备的技能,是外在可观察的行为组合(会做)。

素质（Ability）——与该岗位工作特点相匹配的个人内在特质、素质和态度等（做好）。

再回到家装设计师的能力素质模型，我们通过调研访谈、工作坊研讨及共创的成果汇总完善，特别围绕本智库报告中发布的"家装设计师核心能力素质模型"及其对应的知识图谱；并以此为据，我们绘制出了家装设计师的学习成长路径。

下面，我们将从知识、技能、核心素质三个关键要素分别展开讨论。

1. 家装设计师所需核心知识

针对家装设计师岗位的核心知识共分为五大类，22个细分项目；具体22个细分项目的分布可以参考下方"知识、技能、素质之知识图谱"。其中五大类分别为：设计基础、项目管理、建筑常识、装修知识和综合知识。

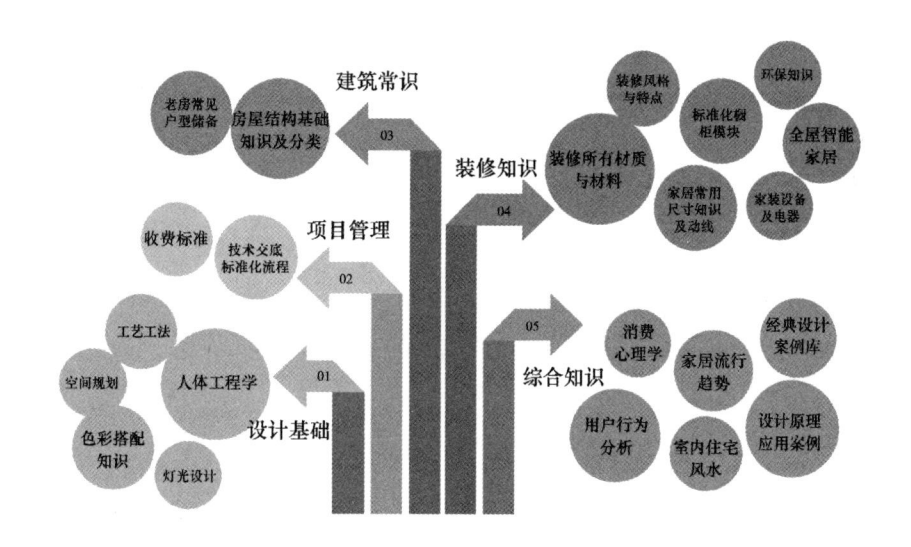

图7-17　知识、技能、素质之知识图谱

资料来源：贝壳研究院。

其中设计基础更强调人体工程学、工艺工法、空间规划等，以满足室内家装常见的设计场景。在工艺工法的知识模块上，家装设计师要了解不同体系的施工工艺；做工艺墙的讲解通关；

了解套内：橱柜、吊顶、水盆、窗户、定制家具等的安装流程和工艺。由此可见在设计基础的知识板块上，实际岗位工作所需知识都是需要在实操演练、案例学习中习得，设计基础充当了进入该行业就职敲门砖的角色。

此外，在建筑常识和装修知识这两个专业知识板块，建筑常识更多需要的是家装设计师就常见的设计场景涵盖的建筑进行了解：如老房常见的户型中房屋不同朝向的注意事项、常见户型如眼镜房户型的装修方式；常见的板楼、塔楼等建筑结构以及钢混和砖混建筑的熟悉度；老房给排水的方式、能清晰分辨不同年代沙灰墙的分类和改造方式；了解墙体承重结构分类及特点。这些应知应会的核心知识在书本中很少提及，但却在日常工作中非常常见。

与此类似的还有装修知识：装修知识包括家居常用尺寸知识和动线、装修所有材质与材料、装修风格与特点、标准化橱柜模块、家装设备及电器、全屋智能家居、环保知识。以装修风格和特点为例，在这一知识范畴内，市场对家装设计师的要求是要熟练掌握常见装修风格，如北欧、简欧、轻奢、美式、新中式等，及其不同的装修风格特点，并与公司内现有的产品风格进行匹配。

再如目前业主对全屋智能家居的需求不断提高，这要求家装设计师了解智能家居设计发展历程与趋势、智能家居系统：智能安全系统、智能门窗系统、智能家电系统、智能灯管系统等；熟知智能家居品牌和全套智能家居解决方案。在环保知识方面，家装设计师需要熟悉掌握家装、房屋的装修标准，熟悉环保检测标准 GB/T18883 和 GB50325 的区别，以及各装修材料的环保等级。以上这些专业知识延展领域，是市场对家装设计师所需知识体系的提炼和总结，带有很强的特定场景属性，属于以实操为导向的知识储备需求。

除设计基础知识及其延展的知识领域外，还有很重要的两个板块则指向家装设计师的软性知识储备：即项目管理和综合知识。项目管理本身不难理解，结合到家装设计师岗位职责上，主要体现在收费标准：产品规划、产品报价形式、单品的计价规则、收退费流程和发票等基础财务知识的把控上。此外，项目管理还有一个重要环节是技术交底标准化流程：含技术交底流程标准、现场基础点位知识、复尺流程、绘制橱柜方案和技术交底下单与审核标准等。

综合知识领域则涉及消费心理学、用户行为分析、家居流行趋势、设计原理和应用案例，并需要家装设计师掌握经典的设计案例库（典型的用户画像，典型的用户生活场景、经典案例匹配库等）。以上五项知识掌握的程度不同决定了设计师的生态位。建筑常识、设计基础、装修知识对于设计师岗位来说是基本功；而项目管理、综合知识掌握得越多，操作越熟练，即代表一位设计师从初阶走向高阶，甚至卓越。

目前高校开设的专业课程围绕设计技能展开，涵盖色彩、构成等美术基础、人体工学、对室内空间进行方案构思与创意设计方法、各类设计软件应用等；也涵盖了室内照明、工程概预算、施工现场技术等专业课程。而当我们以市场需求的视角分析时，家装设计师应知应会的核心知识围绕设计的实际场景展开，需要家装设计师综合运营设计基本功，结合大量丰富的室内、建筑、用户案例库，熟悉客户常见的问题、统筹项目，给出综合解决方案。其中关于客户使用场景的理解、沟通、销售、协调，以及办公流程软件、微信运营的技能都是被需要但未在高等教育阶段覆盖的。而这些技能的延展技能，如软装硬装融合能力、快速完成临场方案等，只有在具体的应用场景中才能得到真正的锻炼，故而基于案例、研讨、翻转课堂等让学生边做边学的学习内容和实训方式，对于发展家装设计师相关专业学生的市场竞争力便显得尤为重要。

2. 家装设计师所需核心技能描述

从知识到技能，意味着家装设计师要实现从知道到会做的跃迁。技能在本报告中划分为操作技能、专业技能、综合技能三大类。

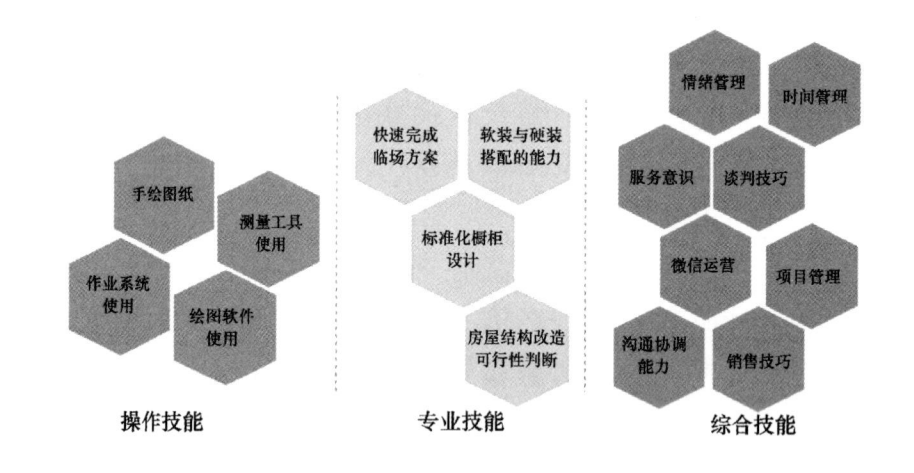

图 7-18 知识、技能、素质之技能图谱

资料来源：贝壳研究院。

操作技能顾名思义是指实操类工具应用的相关技能，包括：绘图软件的使用、作业系统的使用、测量工具的使用、手绘图纸技术。其中涉及的软件、系统包括 CAD 软件、酷家乐、草图大师、3DMAX、BIM、home 系统，这些系统的熟练操作，连同卷尺、激光尺的使用，以及能用纸笔手绘方案给客户构成家装设计师的基础"手艺"。

在专业技能领域，快速完成临场方案、软装与硬装搭配的能力、标准化橱柜的设计、房屋结构改造可行性判断最终呈现的是面向业主的各类可行性方案，如电器方案、灯光照明、软装颜色风格方案、橱柜方案等。

综合技能和前文所述综合知识趋同，也指向强实操、强调围绕各相关方进行沟通协调和整体把控的能力。市场特别要求家装设计师具备以下技能：沟通协调能力、微信运营技能、谈判技巧、销售技巧、项目管理能力、情绪管理及时间管理能力和好的服务意识。我们对以上 8 项技能做了明确定义，详情请见附表 7-2 "设计岗应知应会之技能图谱"，表中涵盖从初始洽谈到项目结束全流程所需达成的关键节点，并就对应的技能给出了说明。

现以销售技巧为例重点展开。销售技巧在所有和客户打交道的岗位都会被提及，家装设计师也应具有销售基本功（理解销售人员的角色和使命，了解普通、良好和卓越销售的区别）；需要家装设计师掌握影响销售的三个要素：专注、默许与信任——专注于客户的言行和心理变化，在销售的每个阶段都获得客户的默许，稳步推进到下一阶段，取得客户共识，赢得客户信任。同时，家装设计师还要明确销售的六个过程步骤。同样的，我们在服务意识、情绪管理上也做了针对性的展开，如压力管理、如何理解同理心等。

操作技能适合在从业者就读期间受到相关训练，达到可以入行的水平，成为设计师助理；而专业技能的不断精进，综合技能熟练，并可以自然地应用到岗位中，是从"小白"设计师过渡为优秀设计师的重要分界线。家装设计师应知应会技能大量取决于客户需求，而需求植根于场景，是在和业主一次次的真实接触中产生的。这需要家装设计师越早进入到真实服务项目中越好，大量的案例实践与项目积累可以帮助学生顺利地完成从校内学习到现场应用的过渡。

3. 家装设计师关键素质描述

从知道到会做，并最终能"把事做好"的家装设计师，所需核心素质经过反复提炼，将呈现在我们面前的是如下关键能力：高情商、专业主义、审美能力、主动耐心、客户服务、坚韧抗压、严谨细致、自信亲和。我们将上述关键能力划分为：

专业素养上：有好的审美能力、具备客户服务意识。

工作风格上：践行专业主义、主动耐心、坚韧抗压、严谨细致、具有亲和力。

而自信、高情商则作为基石支撑起上述优秀素质，成为从优秀设计师进阶为卓越设计师的精进方向。

(三) 从助理到首席——家装设计师成长路径

从设计师助理到首席设计师按部就班地走需要几年？答案是至少 10 年不间断的从业经验。其间要完成从基础实操软件的应用、出报价方案，到独立应对全流程中的各类突发情况，再到能够给客户提供综合、专业的方案意见，能够带徒弟，管理团队，并最终具备独特的设计风格，向客户输出复杂、定制化的方案。如此才能完成从助理到优秀设计师再到首席设计师的蜕变。

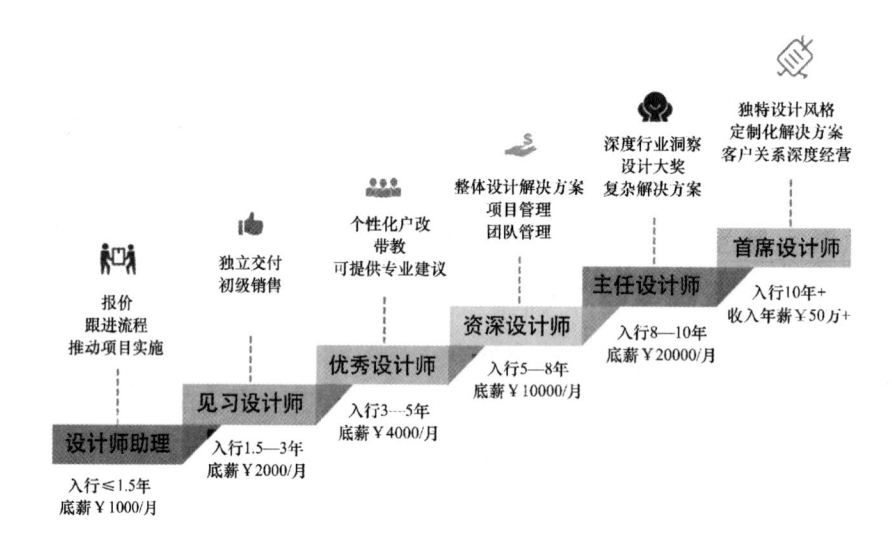

图 7-19　家装设计师的成长路径

资料来源：贝壳研究院。

如果将设计师助理及见习设计师视为第一阶段，优秀设计师视为第二阶段，主任设计师和首席设计师视为第三阶段，我们能看到各阶段的重点分别为：过硬的个人能力、带团队及维护客户能力、行业深度洞察与输出能力。

第一阶段，一般发展所需周期在 3 年，这个阶段的设计师平均薪酬在 2000 元左右，这在一、二线城市甚至不能满足基本生活标准；当熬过这一阶段，进入下一个职业发展的5年，家装设计师便进入薪酬增长的快车道，此时资深设计师薪酬水平在一线城市可达1.5万元左右。进入第三阶，设计师以年薪计，在5年以上的积累之后，如果顺利进入到主任设计师甚至是首席设计师序列，则年薪可达50万元以上。由此可见，如何缩短从设计师助理到优秀设计师的时间，帮助刚毕业的大学生在社会立足，避免在这一阶段大量人才的转行流失，成为非常值得关注的问题。那么如何帮助呢？本报告基于前文所述，在高等教育阶段便引入职业核心素质技能的实训，并在学校期间就完成第一年"师带徒"的顶岗实习，可以使得学生在大学毕业前积累足够多的项目经验，缩短毕业后难以自给自足的职业发展艰难期，顺利从"小白"过渡到"专家"。当然企业也可以缩短"小白"设计师入职培训的时间，提升员工人效。

附　表

附表 7-1　家装设计师典型任务与关键行为清单

序号	任务分类	典型任务	关键行为
		知识技能清单	
1	商机维护	商机获取	渠道维护
2			建立联系
3			了解客户画像
4			发送公司、产品资料
5			邀约见面
6		面访洽谈	准备材料
7			准备沟通策略
8			沟通需求
9			答疑解惑
10			预约量房时间
11		维护待签客户	与客户经理进行充分交接
12			建群做职责介绍
13			根据客户周期进行分类维护
14			测量前客户邀约测量，测量后沟通平面需求，方案定稿
15	方案设计	量房	邀约客户
16			穿戴整齐
17			工具准备
18			勘测现场，沟通需求
19			原始尺寸测绘
20			拍照留底
21			现场排期
22		挖掘需求	客户画像、小区、户型分析
23			需求收集分析
24			房屋痛点收集分析
25			预算沟通
26			需求澄清与分析
27		设计方案	基于测量数据绘制出测量图和设备图
28			用软件呈现设计方案
29			标准尺寸细节输出图纸
30		沟通方案	准备图纸
31			图纸讲解
32			给出专业建议以及新的方案

续表

<table>
<tr><th colspan="4">知识技能清单</th></tr>
<tr><th>序号</th><th>任务分类</th><th>典型任务</th><th>关键行为</th></tr>
<tr><td>33</td><td rowspan="8">正式签约</td><td rowspan="3">深化图纸</td><td>熟悉常用软件</td></tr>
<tr><td>34</td><td>熟悉制图标准</td></tr>
<tr><td>35</td><td>了解工艺工法</td></tr>
<tr><td>36</td><td rowspan="5">签约</td><td>完善26张图纸报价、下单</td></tr>
<tr><td>37</td><td>预勘内容及线上小程序确认</td></tr>
<tr><td>38</td><td>沟通谈判</td></tr>
<tr><td>39</td><td>发起线上签约</td></tr>
<tr><td>40</td><td>使用内部系统进行收款</td></tr>
<tr><td>41</td><td rowspan="27">施工交付</td><td rowspan="5">开工交底</td><td>确定时间、人物</td></tr>
<tr><td>42</td><td>提前准备图纸</td></tr>
<tr><td>43</td><td>现场确定水电点位</td></tr>
<tr><td>44</td><td>记录并确认技术数据</td></tr>
<tr><td>45</td><td>完善图纸，完成下单</td></tr>
<tr><td>46</td><td rowspan="10">对接协同方
（材料厂家/
工长/监理）</td><td>上门测量</td></tr>
<tr><td>47</td><td>让厂家出报价</td></tr>
<tr><td>48</td><td>和厂家一起上门确定方案</td></tr>
<tr><td>49</td><td>正签、收款</td></tr>
<tr><td>50</td><td>上传合同、收据、图纸</td></tr>
<tr><td>51</td><td>技术交底，约客户复尺</td></tr>
<tr><td>52</td><td>沟通木作方案</td></tr>
<tr><td>53</td><td>让木作出具体方案</td></tr>
<tr><td>54</td><td>预约木作量房</td></tr>
<tr><td>55</td><td>核验木作方案</td></tr>
<tr><td>56</td><td rowspan="3">节点验收</td><td>四方到场验收</td></tr>
<tr><td>57</td><td>验收现场是否按公司标准施工</td></tr>
<tr><td>58</td><td>验收方案有无需要改动点</td></tr>
<tr><td>59</td><td rowspan="4">在途工地
维护</td><td>查看施工播报图片</td></tr>
<tr><td>60</td><td>给客户发送验收内容，随时解决客户提出的问题</td></tr>
<tr><td>61</td><td>群内消息设计师及时回复</td></tr>
<tr><td>62</td><td>针对超出能力之外的客户问题，找到外部支持</td></tr>
<tr><td>63</td><td rowspan="5">方案变更</td><td>停工</td></tr>
<tr><td>64</td><td>方案变更</td></tr>
<tr><td>65</td><td>报价改动</td></tr>
<tr><td>66</td><td>施工计划变更</td></tr>
<tr><td>67</td><td>四方到场、再次交底</td></tr>
</table>

续表

知识技能清单

序号	任务分类	典型任务	关键行为
68	施工交付	竣工验收	对接协同方修改方案
69			主材类验收
70			验收整改
71			现场验收
72			开荒保洁验收
73		售后维系	签字确认
74			问题接收
75			问题转对接
76			业主需求反馈

附表 7-2　　设计岗应知应会之技能图谱

类别	技能名称	技能点描述
综合技能	沟通协调能力	1. 陪谈阶段：能配合客户进行方案的初始沟通和洽谈； 2. 量房阶段：和客户进行准确的需求沟通，与客户建立信任关系； 3. 方案沟通阶段：进行三版设计方案的详细讲解； 4. 预勘阶段：能在预勘现场完成方案实施前的确认； 5. 正签阶段：获得客户方案的确认，完成正式的签约； 6. 施工阶段：进行多方沟通，随时解决问题。
	微信运营	1. 认购阶段：完成客户到访邀约； 2. 待签阶段：邀请客户做方案沟通； 3. 施工阶段：群内跟进施工进度，及时回复客户。
	谈判技巧	1. 陪谈阶段：影响客户，促成预付订金； 2. 正签阶段：能给客户清晰讲解整体方案，促成正式签约。
	销售技巧	1. 了解普通、良好和卓越销售人员的区别； 2. 掌握专注、默许、信任三要素，取得客户共识； 3. 可以做到影响式销售的五个动作：结交、鼓励、询问、展示、查证； 4. 完成销售的六大环节：拜访前准备，探索客户需求，做好开场白，提出自己的建议，缔结，处理异议。

续表

类别	技能名称	技能点描述
综合技能	项目管理	1. 项目与项目管理概念介绍； 2. 项目进行中做各方预期管理，组建项目团队，召开项目启动会议； 3. 项目计划：制定项目范围说明书，项目执行与控制，项目终结。
	服务意识	1. 理解什么是同理心； 2. 了解和体会客户的立场；把真实感受反馈给客户；用换位思考的方式沟通； 3. 服务流程与标准：服务全流程与各个环节标准介绍； 4. 具备服务者心态。
	情绪管理	1. 学会做情绪的主人； 2. 可以舒解压力后果； 3. 管理并减少压力来源。
	时间管理	1. 主动使用自我意识进行精力和时间分配； 2. 注重目标与事务的规划与平衡，区分重要与紧急四象限事务； 3. 掌握1—2个时间管理的落地工具。

第八章　城市家装观察：北京买房装修消费趋势

在人们对于美好生活的追求日渐强烈的当下，个性消费、品质消费、健康消费、体验消费等渐成趋势。随之而来的，是人们对于居家生活环境的需要正发生深刻的改变。在此背景下，研究分析不同城市居民家庭的装修需求和现状，是一个很有意义的课题。

家装选择往往反映业主的个性，一个个选择又组成了城市家庭美好居住生活的图景。在城市，往往买房决定了装修的上限，买房诉求决定了装修选择，家装家居是房产交易后链条连带率最高的需求。因此，本研究从买房分析出发，通过交易大数据以及调研数据，分析城市家装潜在客群需求、标的房屋特征以及消费趋势。

我们以北京为样本城市，对买房装修现状及未来趋势进行了梳理分析发现：

（1）北京家装消费与房产交易的后链条连带率相比其他城市更高，57.71%的北京购房受访者计划在收房后三个月内安排装修，高出全国平均水平9.64个百分点。

（2）北京买房装修以存量房全屋翻新为主、局部改造为辅，两居室是主流户型，不同年代建成的房屋户型差异大、装修需求不同。

（3）北京买房装修消费"整装"畅销、"软装"受宠、"空间"提升等消费势头趋强。

一　北京买房装修需求有多大？

北京家装消费与房产交易后链条连带特征明显。贝壳研究院基于平台2671份消费者调研数据显示，从整体看，超过九成的受访者在购房以后都有装修需求，北京仅5.73%的受访购房者表示无装修需求（调研群体整体为6.63%），"买房—装修"连带链条清晰。57.71%的北京购房者会在收房后三个月内安排装修，高出调研群体整体水平9.64个百分点，北京"买房—装修"的连带效应相对表现更强。

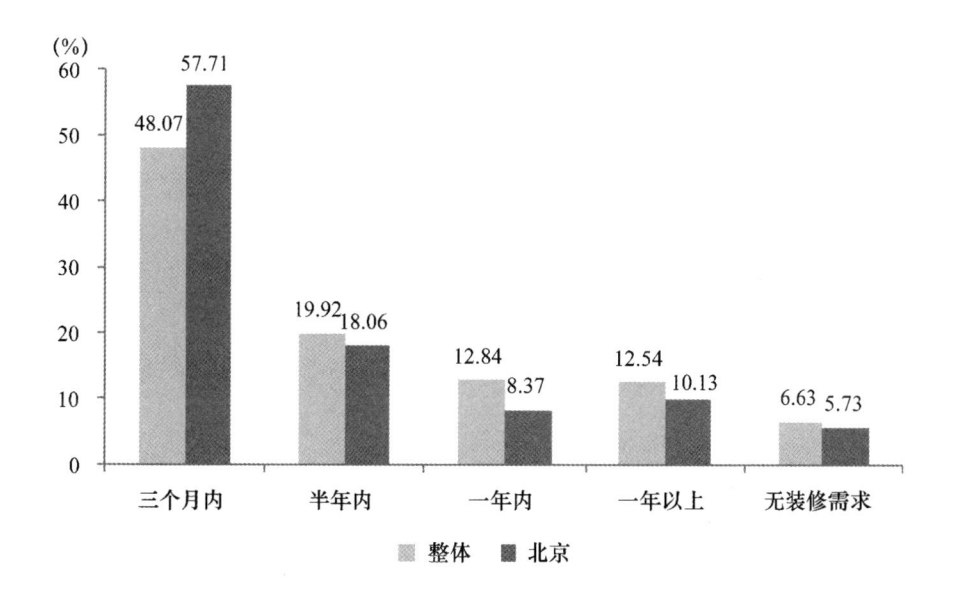

图8-1　关于"根据您的安排或预期，收房以后多久会安排装修？"的调查
注：调查时间2022/11—2023/2，N=2671。
资料来源：贝壳研究院。

从买房装修需求类型看，北京市场刚需装修和改善装修同在，改善装修相比二、三线城市更多。分析买房装修消费者人群结构，北京相较于调研群体整体有两个年龄段"波峰"，分别是36—45岁和56—65岁，出现这样的特征一方面受城市购房年龄整体后移影响，北京购买二手房的客户平均年龄从2019年的37.7岁提高到2022年的39.4岁。另一方面与北京家庭居住空间需求实现路径有关，因家庭结构变化、认房认贷、房贷利率上浮等因素影响，相比二、三线城市一步到位，北京改善购房需求更旺盛，这也带动了一波改善装修需求，北京55岁以上买房装修受访者占比13.65%，高出受访群体整体水平7.13个百分点。

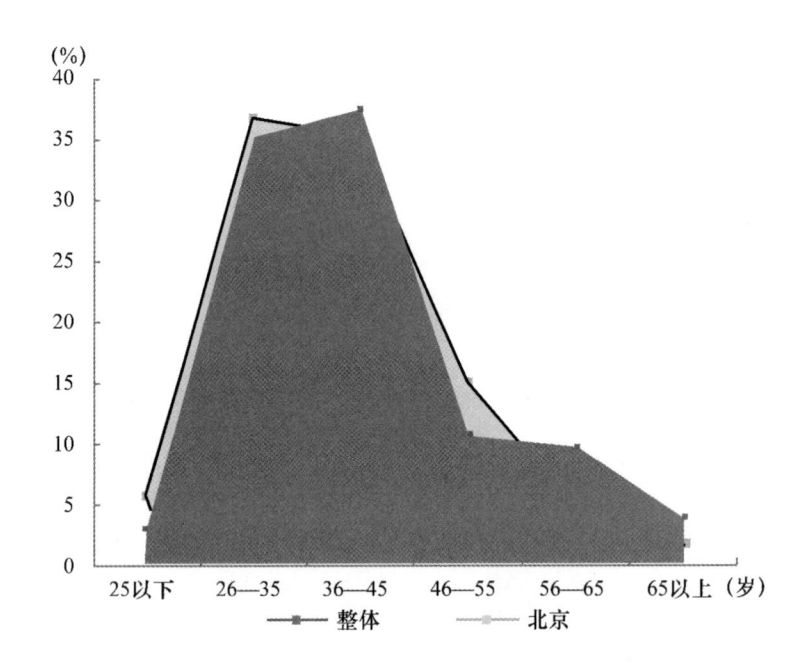

图8-2 关于"北京买房装修潜在需求者年龄结构"的调查

注：调查时间2022/11—2023/2，N=2671。

资料来源：贝壳研究院。

除了"买房—装修"连带效应强，北京买房装修客单价相对整体水平也较高。贝壳研究院调研数据显示，装修预算在10万元以内的受访者在北京占比为28.63%，调研整体水平为42.61%，相差13.98个百分点。一方面，受劳务费用、产品价格、服务模式等影响，北京家庭装修的门槛更高；另一方面，装修预算也与城市经济发展水平、居民收入水平正相关，2022年，北京全市居民人均可支配收入77415元，比全国居民人均可支配收入高出一倍多。

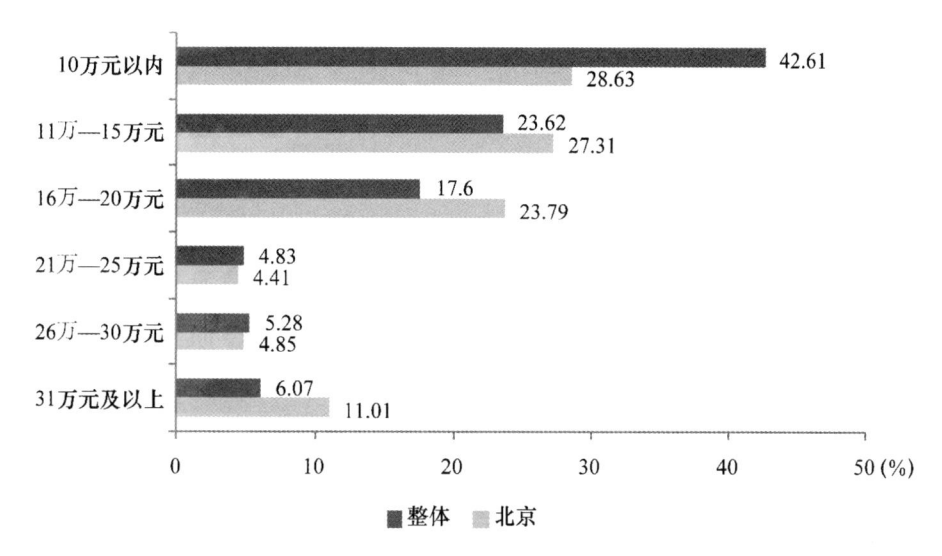

```
10万元以内      整体 42.61   北京 28.63
11万—15万元    整体 23.62   北京 27.31
16万—20万元    整体 17.6    北京 23.79
21万—25万元    整体 4.83    北京 4.41
26万—30万元    整体 5.28    北京 4.85
31万元及以上    整体 6.07    北京 11.01
```

图 8-3 关于"北京买房装修潜在需求者装修预算"的调查

注：调查时间 2022/11—2023/2，N=2671。

资料来源：贝壳研究院。

二 北京买房装修房屋特征有哪些？

研究北京买房装修现状及未来趋势，除了看人的需求，也看标的的状态——也就是房屋有什么特征。同样是买房装修，90年代的小两居和00年代的大户型有着完全不同的装修考虑。了解清楚近年来买卖房屋的特征，才能在后链条环节——装修上有的放矢、有更好的家装服务体验。

北京买房装修以存量房全屋翻新为主、局部改造为辅。贝壳研究院调研数据显示，有88.55%的北京受访者需要装修的房子是二手房，这一比例高出整体调研群体28.27个百分点，北京买房装修市场是一个典型的存量房市场。另一方面，北京有装修需求的买房受访者计划全屋装修的比例达到74.01%，比整体调研群体高出8.64个百分点。这部分是因为北京二手买卖交易的房屋"年龄"大，贝壳平台成交记录显示，过去三年里，北京交易的二手房主流房屋楼龄以00年代和90年代的最多，占到总交易量的六成以上，那个时期也正是北京商品房的爆发期，建成年份在2000年以前的房屋占比到2022年仍超过四成，这些老房的翻新需求大，带动了北京买房消费者的全屋装修需求，次新房也存在一定量的局部改造需求。

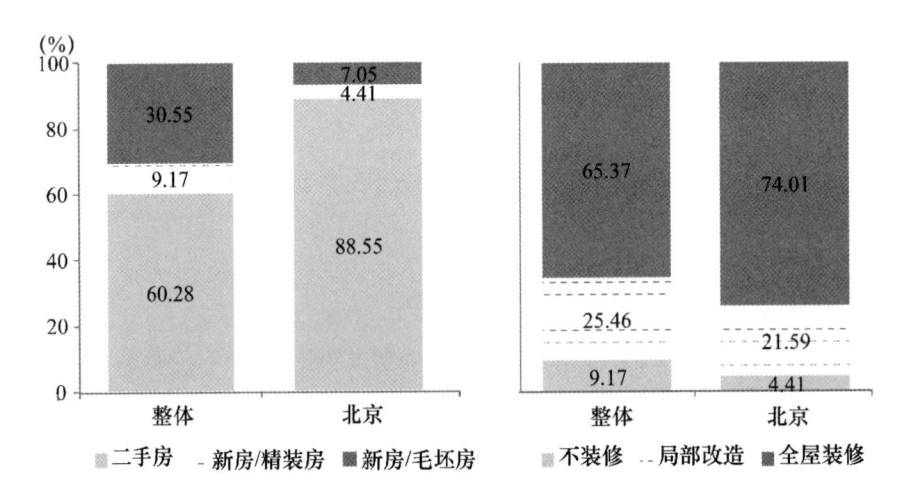

图8-4 关于"北京买房装修类型"的调查

注：调查时间2022/11—2023/2，N=2671。

资料来源：贝壳研究院。

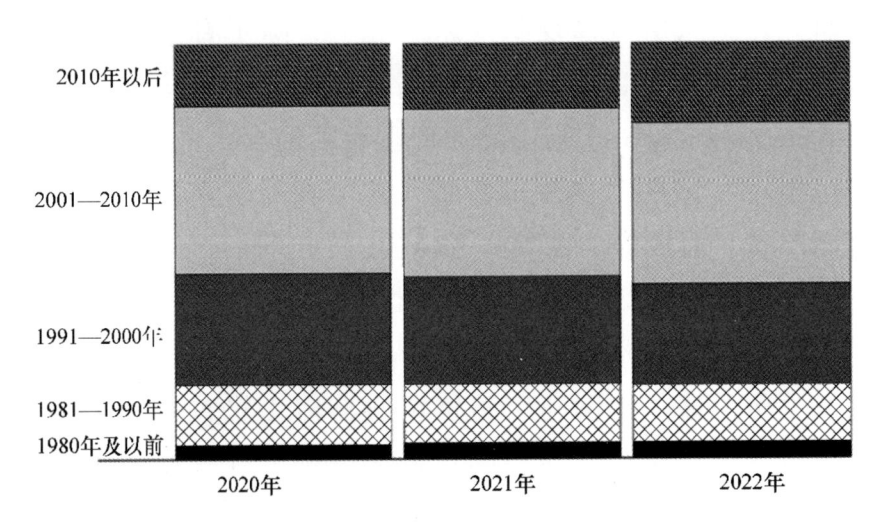

图8-5 关于"2020—2022年北京不同年代房屋成交量占比"的调查

注：贝壳2020—2022年成交数据。

资料来源：贝壳研究院。

主流装修户型两居室，小户型需要"大"想法。从北京买卖成交的户型和面积看，近年来一直以 61—90 平方米、两居室为主。这也奠定了家庭装修房屋的主要特征，结合购房者主流年龄（30—40 岁）看，买房装修对空间要求更加多元，包括婚房装修、家庭结构变化、改善等，在有限的空间里能更好地满

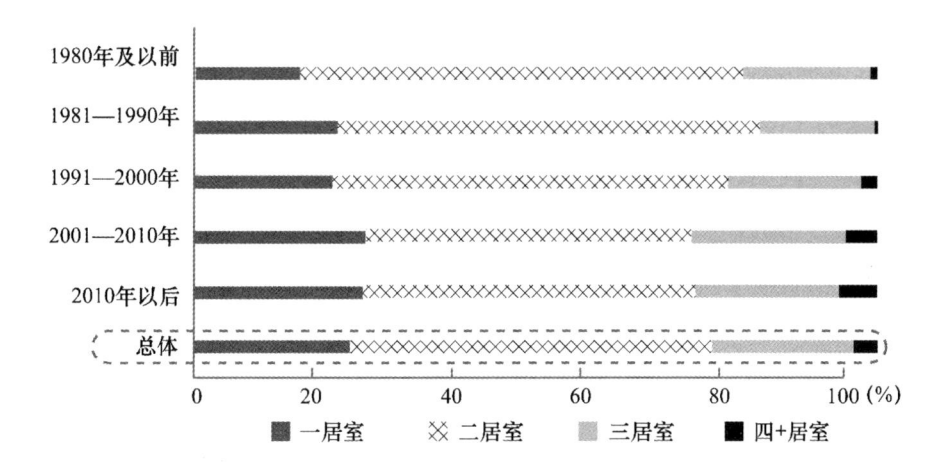

图 8-6 关于"2022 年北京买卖不同年代房屋户型占比"的调查
注：贝壳 2022 年成交数据。
资料来源：贝壳研究院。

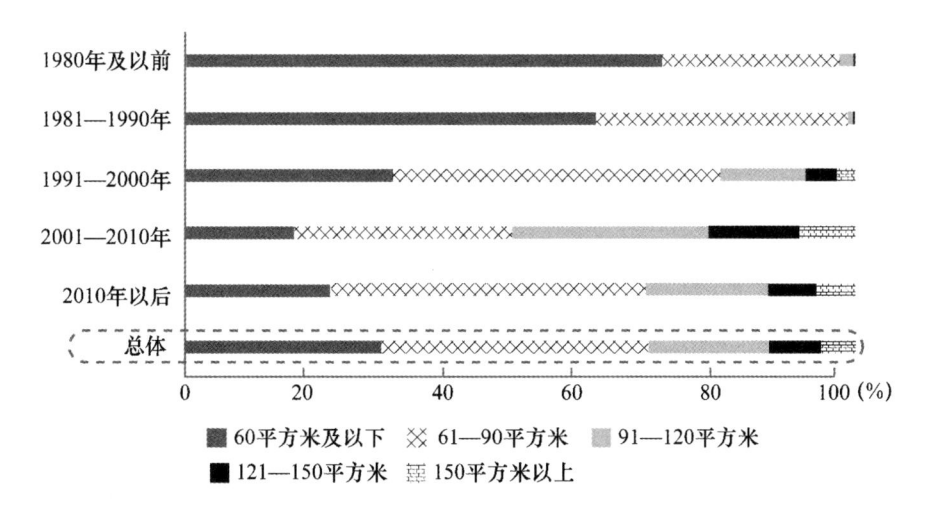

图 8-7 关于"2022 年北京买卖不同年代房屋面积占比"的调查
注：贝壳 2022 年成交数据。
资料来源：贝壳研究院。

足多元需求更讨消费者喜爱，小户型如何通过空间设计让其"变大"，越来越成为北京装修刚需。

回顾北京住宅的户型发展，具有明显的时代特征。新中国成立初期，住宅户型为合住型，厨房、卫生间几家共用；90年代以前，北京的住宅以解决"住"的需求为主，没有"厅"的概念，典型的户型是"进门一个窄窄的走道，走道两头是卧室"，又称"八零住二"；90年代后随着商品房的发展，套型结构大为改善，居寝分离、客餐厅分离、动静分区等舒适型户型增多；2006年为了调整市场结构、适应消费需求，出台的90/70政策（新建商品房项目，建筑面积90平方米以下的套型住房面积，必须达到项目总建筑面积的70%以上），使得中小户型成为北京市场主流。对于2000年以后的小户型，户型设计相对合理，功能分离，家装设计的主要痛点或难点是提升空间利用率；而2000年以前的小户型，因为户型设计不合理，大卧小厅、暗厅、砖混结构等条件限制，都考验着家装设计水平。

不过，随着买卖主流户型的转换，2000年以后的次新房在近年买卖交易中的占比逐年升高，买房家装的标的——房屋特征也在慢慢移位，影响着北京家装未来消费选择。

三 北京买房装修消费新趋势

数据之外，随着品质居住、美好生活理念的崛起，以及受主流消费群体和主流装修房屋特征的影响，北京家装消费也出现了几个明显的趋势：

1. "整装"畅销。北京作为一线城市，城市生活工作节奏相比其他地方更快，此外买房装修消费者以30—40岁之间的青年群体为主，他们多数处于事业上升期，调研北京家装设计师也常见青年群体需要下班后才有时间沟通装修方案的情景，这一群体对于省时省心省力的家装体验要求比较强。而相比传统家装服务模式，整装将家装流程产品化、报价方式套餐化，满足了北京主流消费群体的"省时省心"的装修服务诉求，切实解决了消费者的消费痛点。在贝壳研究院的调查中，65.19%的北京受访者选择全包、整装这类省时省力的装修服务模式，相比调研群体整体高出 10.38 个百分点。

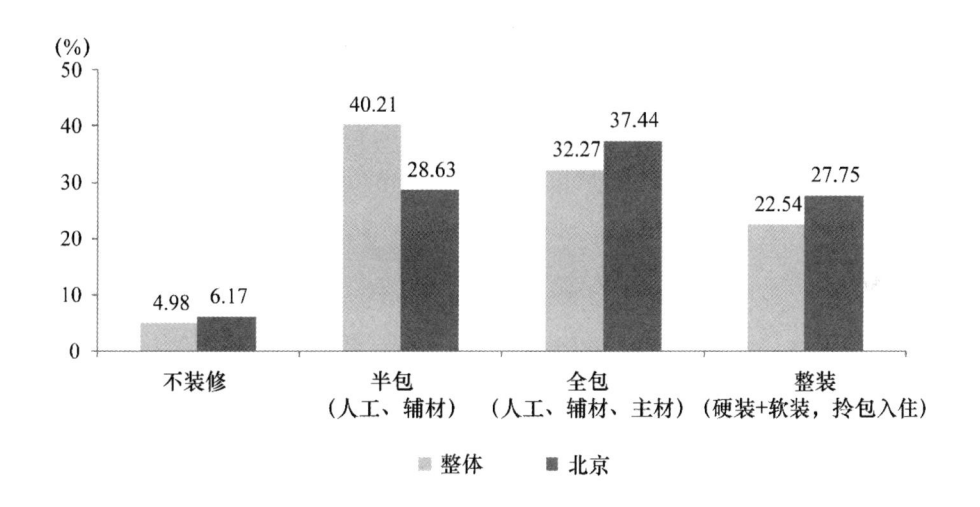

图 8-8　关于"您更倾向于选择哪种装修方式？"的调查

注：调查时间 2022/11—2023/2，N=2671。

资料来源：贝壳研究院。

2. "软装"受宠。软装受到重视表现在两个方面：一方面，过去受疫情影响，全球很多大城市活动都受到了不同程度的限制，但人们对于美好居住生活的追求一直都在，和硬装成型后不易改变不同，软装可灵活变换、不断更新，满足青年消费者对个性化更新迭代的追求，增强了"轻装修、重装饰"的趋势。在北京，这一家装趋势也在同频，叠加消费者自主参与设计、局部改造、空间营造追求等消费新变化影响，带动家居零售更长尾的市场扩张。另一方面，青年消费者"为颜值埋单"在家装上也越来越凸显，在整装服务支持下，软装设计前置，与硬装设计配合，定制、电器、软体产品与整体家庭环境、装修风格呼应等品质需求持续释放。

3. "空间"提升。北京买房装修以中小户型为主,"空间"提升是一个绕不过的话题,装修设计空间氛围感营造和空间利用率提升成为很多消费者的"刚需"。空间功能多重化、收纳整理日常化、厨电集成化等需求带动多品类新消费,包括定制柜、集成嵌入厨电灶具等空间提升的新产品,在家装家居消费中占比会持续提升。以厨房为例,根据奥维云网调研数据显示,2021年中国厨房平均面积约为6.1平方米,北京抽样的商品房楼盘平均厨房面积在5—7平方米,如何高效利用厨房空间、合理布置厨电产品成为消费痛点。在此背景下,各类嵌入式厨电新品类配套率持续提升。

参考文献

陈瑞:《中国城镇住房市场是否存在需求缺口——基于省级面板数据的检验》,《兰州学刊》2017年第9期。

邓宏乾、黄冠、徐升:《人口结构变动对住房需求的影响——基于2002—2016年省际面板数据的实证分析》,《华中师范大学学报》(人文社会科学版) 2019年第3期。

李雨潼、王正联:《东北地区未来人口变动对区域内住房需求的影响分析》,《人口学刊》2020年第6期。

卢延纯、杨东、唐宏玲、李翔宇:《城镇住房需求趋势》,《宏观经济管理》2021年第11期。

孙文凯:《家庭户数变化与中国居民住房需求》,《社会科学辑刊》2020年第6期。

翁钢民、潘越:《城镇新增住房需求、住房及土地供给的空间错位分析》,《地理与地理信息科学》2019年第1期。

吴璟、徐曼迪:《中国城镇新增住房需求规模的测算与分析》,《统计研究》2021年第9期。

吴振华、曹趁梅:《城镇化对房地产需求及房价影响研究——基于珠三角经济区2005—2016年的面板数据》,《价格理论与实践》2018年第10期。

徐辉、荣晨:《"十四五"时期中国住房需求变化及对策建议》,《宏观经济研究》2021年第8期。

杨华磊、何凌云:《人口迁移、城镇化与住房市场》,《中国软科学》2016年第12期。

邹琳华、钟春平:《饥饿供地,还是售地冲动——基于地级以上城市土地出让及房价数据的实证分析》,《财贸经济》2022年第3期。

后　　记

当下的家装行业正经历一些深刻的变化。在过去三十年里，中国城市人口数量增加了6亿人，带来房地产行业巨大的增量，使家装行业也乘着快车同步进入渗透率快速提高的阶段。近年来，随着我国房地产市场供求关系发生重大变化，住房的居住属性进一步凸显，美好居住成为了人们真正的需求，与房地产紧密相关的家装行业也发生了深刻变化。

消费者在过去也发生了较大的改变。以"80后""90后"为主的住房消费新主力人群，接受的思想更新颖，更注重服务、品质和个性化等，在装修中的参与意愿高，有一定的自主设计意愿，在家庭美学上更愿意投入，但也更为重视时间成本、服务体验以及消费保障等。消费者从单一地满足生活所需，向着追求更多附加价值发展，对品质、体验、设计、服务乃至更深层次的精神需求也有了更多期待。

尽管增量开发的时代正在远去，但存量时代深耕居民需求的美好生活时代正在来临。在这样的背景下，《中国家装发展报告》（以下简称《报告》）从行业、市场及客户角度，系统性梳理了中国家装发展的历史脉络，量化预测了市场未来发展趋势及洞察了消费者认知的改变。当前，中国的家居家装行业获得前所未有的政策聚焦。表明家居家装行业作为快速发展的潜力产业及美好生活的重要载体，正获得决策层的重视，同时也体现了本研究的前瞻性。

贝壳高级副总裁、贝壳研究院院长李文杰先生给予了本研究课题的大力支持。除了本书作者外，中国社会科学院财经战略研究院吕风勇、姜雪梅老师，贝壳研究院汤子帅、刘畅老师，北京林业大学张英杰老师，北京林业大学宋一祎、王欣怡同学，中国社会科学院大学曾添同学等作为家装研究课题组的核心成员，参与了本报告的写作讨论、数据资料搜集、现场调研、图表绘制、文稿校对等工作，在此一并表示感谢。

本报告撰写得到中国社会科学院国情调研重大项目"重点城市住房租赁市场发展现状与关键问题研究"（GQZD2022011）及国家自然科学基金面上项目"基于互联网大数据和重复交易法的中国城市住房价格指数编制研究"（批准号：71774169）的资助。

感谢中国社会科学出版社各位编辑老师的高效编校。

本报告错漏之处在所难免，我们将在后续的工作中不断改进。

邹琳华　颜　燕　闫金强
2023 年 7 月 29 日

邹琳华，经济学博士，中国社会科学院财经战略研究院住房大数据项目组组长，中国城市经济学会房地产专业委员会秘书长，纬房研究院首席研究员。兼中国社科院竞争力模拟实验室副主任、世界华人不动产学会理事。曾为美国纽约市立大学巴鲁克学院访问学者（2011—2012年）。长期从事住房市场监测及住房政策研究。主持中国社会科学院国情调研重大项目、国家自然科学基金项目、国家统计局统计科学重点项目等。创办基于大数据和重复交易模型的新型房价指数"纬房指数"，主持撰写《中国住房大数据分析报告》。出版《中国房地产周期波动区域差异研究》《基于大数据的城市住房价格重复交易指数研究》等学术专著。在各类权威核心期刊上发表论文数十篇，在《光明日报》《经济日报》《经济参考报》等主流媒体上发表评论文章近百篇。曾担任《住房绿皮书》《房地产蓝皮书》副主编，积极为住房政策建言并获多项批示。

颜燕，首都经济贸易大学城市经济与公共管理学院副教授，北京大学—林肯研究院城市发展与土地政策研究中心兼职研究员，美国林肯土地政策研究院访问学者。中国城市经济学会房地产专业委员会副秘书长，入选北京市属高校优秀青年人才培育计划。本硕博就读于北京大学城市与环境学院，研究领域包括城市发展与地方财政、房地产经济学等方向。主持国家社科基金项目、北京市社科基金项目、北京市教委社科计划项目等，在 Cities，Journal of Urban Affairs 和 Urban Studies 等国内外学术期刊上发表论文20余篇。

闫金强，就职于贝壳找房旗下房地产市场研究机构贝壳研究院，高级分析师，中国城市经济学会房地产专业委员会副秘书长，《中国房地产报》特聘专家，北京房地产协会养老产业委员会特聘专家,就读于中国传媒大学工商管理专业,研究方向涉及房产交易、租赁及家装政策及市场、城市更新、养老、消费行为及行业服务者等泛房地产领域。